LA TROADE,
TRAGEDIE
DE ROB. GARNIER
CONSEILLER DV ROY
& de monseigneur Frere vnique de sa
Majesté, Lieutenant general Cri-
minel au siege Presidial & Sene-
chaussee du Mayne.

A PARIS,
Par Mamert Patisson Imprimeur du Roy,
au logis de Robert Estienne.
M. D. LXXIX.
AVEC PRIVILEGE.

A REVEREND PERE
EN DIEV MESSIRE RE-
GNAVD DE BEAVNE, *Euef-*
que de Mende, Comte de Giuaudan,
Conseiller au priué Conseil du Roy, &
Chancelier de Monseigneur frere de sa
Majesté.

IE vous ay presenté, Monseigneur, vn eschantillon de ceste Tragedie, n'estant encores demy ébauchee: que maintenant, ayant receu la derniere main de son Autheur, ie pousse en public, sous la targue de vostre illustre nom. Ne pensant qu'vn ouurage lettré doyue plus iustement mendier sa protection, que d'vn per-

A.ij.

sonnage accompli de toutes especes de literature, comme vous, Monseigneur, bien que distrait à la conduite & maniment des plus importans affaires de ce Royaume, en la maison d'vn des plus grands & illustres Princes de l'Europe, auquel comme à vn second Hercule, les peuples estrágers se vont, pour ses vertus, reclamer en leurs oppressions. Ie sçay qu'il n'est genre de Poëmes moins agreable que cestuy-cy, qui ne traitte que perpetuelles fureurs, & ne represente que les malheurs lamentables des Princes, auec les saccagemens des peuples. Mais aussi les passions de tels sujets nous sont ja si ordinaires, que les exéples anciens nous deuront d'oresnauant seruir de consolation en nos particuliers & domestiques encombres: voyant nos ancestres Troyens auoir, par l'ire du grand Dieu, ou par l'ineuitable malignité d'vne secrette influence des astres, souffert iadis toutes extremes calamitez : & que toutefois du reste de si miserables & dernieres ruines s'est peu bastir, apres le decez de l'orgueilleux Empire Romain, ceste tres-florissante Monarchie. Quoyque ce soit, Monseigneur, ce present fournira, s'il vous plaist, pour testifier cõbien i'honore & embrasse en mon cœur vos heroïques vertus, & combien ie desire toute ma vie faire en voftre seruice, pour entre autres choses, y employer ceste Muse, toutes les fois que vous l'aurez à gré.

Vostre perpetuel seruiteur
ROB. GARNIER.

QVEL son masle & hardy, quelle bouche heroique,
  Et quel superbe vers enten-ie icy sonner?
Le lierre est trop bas pour ton front couronner,
Et le bouc est trop peu pour ta Muse tragique.
Si Bacchus retournoit au manoir Plutonique
  Il ne voudroit Eschyle au monde redonner,
  Il te choisiroit seul, qui seul peux estonner
Le theatre François de ton cothurne antique.
Les premiers trahissoyent l'infortune des Rois,
  Redoublant leur malheur d'vne trop basse voix:
  La tienne comme foudre en la France s'écarte.
Heureux en bons esprits ce siecle plantureux:
  Apres toy, mon GARNIER, ie me sens bien-heureux
  De quoy mon petit Loir est voisin de ta Sarte.

                P. DE RONSARD.

GRECE premierement fut beaucoup estimee
  Pour auoir allaicté des doctes nourriçons,
  Et apres elle Rome, à qui mille enfançons
Ont acquis & grand los & grande renommee:
Et maintenant la France est heureuse nommee,
  Pour nourrir des enfans qui en maintes façons
  Font bruire leurs escrits & leurs doctes chansons,
Ayans tous d'Apollon la poitrine enflammee:
Entre lesquels, GARNIER, pour ton stile plus haut,
  Pour auoir animé le tragic eschaffaut
  Tu marches des premiers: Troade en sert d'exemple
Où si naifuement tu descris les malheurs
  Qui suiuent bien souuent l'heur des grands Empereurs,
  Qu'on ne doit en cercher tesmoignage plus ample.

                PATRY BRVNEAV.

ARGVMENT DE LA TROADE.

TROYE estant prise, saccagee & destruitte, les Grecs prests de s'embarquer pour retourner en leurs maisons, partagent leur butin: donnent au Roy, comme par prerogatiue, la vierge prophete Cassandre, à laquelle il estoit affectionné. Arrestent par commun aduis, pour le bien & seureté de la Grece, & pour obuier à nouuelles guerres, de faire mourir Astyanax, l'vnique fils d'Hector. Ce qui fut executé, en le precipitant d'vne tour. Or estant sur ce partement, l'Ombre d'Achille (qui auoit esté auparauant tué par Paris, voulant fiancer Polyxene, qui luy auoit esté accordee par son pere Priam, & apres sa mort ensepulturé sur le riuage de la mer) apparut sur son sepulchre, d'vne forme effroyable, se plaignant des Grecs qui l'auoyent mesprisé, & les menaçant de grands malheurs & infortunes, s'ils ne tuoyent Polyxene sur son tombeau. Lesquels ayant presqu'à l'instant apperceu que leurs galeres estoyent comme immobiles, & ne pouuoyent estre tirees du port, resolurent par l'aduis de Calchas de la luy consacrer & faire occire sur sa tombe par Pyrrhe son fils. A quoy ceste fille se presenta franchement & d'vn magnanime cœur. Son corps fut porté lauer par ses compagnes Troyennes au bord de la mer, pour l'enseuelir: Où de cas d'auenture fut par elles aperceu le corps mort de Polydore, le plus ieune des enfans d'Hecube & de Priam, lequel auoit esté pendant le siege secrettement enuoyé en Thrace au Roy Polymestor, pour le nourrir & sauuer des mains des ennemis, s'il aduenoit desastre à la ville, qu'elle fust prise & ruinee: à fin que luy, estant tiré de cest orage, peust suruiure, & par le moyen des grands thresors, qui furent portez auec luy, il peust ramasser nouueaux peuples, rebastir ceste belle ville, & remettre le Royaume en son premier estat. Ce qui succeda autrement. Car Polymestor ayāt sceu que tout estoit ruiné & mis à feu & à sang, & Priam mesmes occis, vaincu de ce malheureux desir de butiner, meurtrist ce ieune enfant son hoste, & en ietta le corps dās la mer, que les vagues poussserēt incontinent au riuage opposite. Hecube l'ayant en grād dueil receu massacré de plusieurs playes, prend resolution auecques ses femmes de se venger du meurtrier. Et pour effectuer son dessein, trouue façon de l'attirer finement à soy, sous esperance de receuoir d'elle les anciens thresors & richesses de Troye, qu'elle feint auoir en partie enterrez sous les ruines de la ville, & en partie auoir apportez auecques soy, pour les garder à Polydore. L'introduist seul auec ses deux enfans en sa tente, où se trouue de propos deliberé grand nombre de Dames Troyennes, qui le saisissent aussi tost & luy crouent les yeux de leurs aiguilles, & meurtrissent cruellement ses enfans. Voyla le sujet de ceste Tragedie, prins en partie de l'Hecube & Troades d'Euripide, & de la Troade de Seneque.

Les entreparleurs de la Tragedie.

Hecube.
Le Chœur des femmes Troyennes.
Talthybie, *Herault de l'armee des Grecs.*
Cassandre.
Andromache.
Helen.
Vlysse.
Astyanax.
Pyrrhe.
Agamemnon.
Calchas, *deuin & sacrificateur de l'armee.*
Polyxene.
Le Messager.
Polymestor.

LA TROADE,
TRAGEDIE.
ACTE I.

Hecube. Le Chœur. Cassandre.

Hecube.

QVICONQVE a son attente aux grandeurs de ce monde,
Quiconque au fresle bien des Royaumes se fonde,
Et qui dans vn palais, superbe, commandant,
Le desastre ne craint sur sa teste pendant:
Qui credule se donne à la Fortune feinte,
Qui des volages dieux, des dieux legers n'a crainte,
Me vienne voir, chetiue: ô Troye! & vienne voir
En cendres la grandeur que tu soulou auoir:
Nous vienne voir, ô Troye! ô Troye! & qu'il contemple
L'instable changement du monde, à nostre exemple.
Iamais le sort muable aux hommes ne s'est tant,
Qu'à nous peuple Troyen, fait cognoistre inconstant:
Fait cognoistre le flux des fortunes humaines,
Et comme autour de nous elles coulent soudaines,
Abusant nostre vie, & repaissant nos cœurs
D'vne vaine liesse empreinte de langueurs.

B.i.

LA TROADE,

L'orgueil de la grand' Troye est destruit miserable,
L'ornement de l'Asie, ô perte deplorable!
Le saint labeur des Dieux, que les Scythes felons,
Qui habitent errans dessous les Aquilons,
Ceux qui boiuent le Tigre & l'Eufrate, & encore
Ceux qui plus reculez voyent naistre l'Aurore
Sont venus secourir, ores piés contre-mont
De sa ruine engendre vn lamentable mont.
La flamme rougissante aux bastimens se lie,
Au sang de ses enfans Troye ard ensevelie,
Les palais orgueilleux du grand Laomedon
Fument loin, deuorez du Dolope brandon:
Les temples on saccage, & le brasier de Troye
N'empesche le vainqueur de courir à la proye:
On la saccage ardente, & le Soleil flammeux
Se couure enueloppé d'vn nuage fumeux.
Le soldat ennemi la regarde & s'estonne,
Bien qu'ardant de courroux, que sa main la moissonne:
Tant elle apparoist grande & superbe en tombant,
Et tant se voit d'espace en sa braise flambant.
Si grand feu l'espouuente, ayant peur qu'il se darde,
Bourdonnant, iusqu'au ciel & que tout le monde arde.
Le son de sa ruine, & des fracassemens
Que font de toutes parts tant de hauts bastimens,
Fait mouuoir le riuage, & la mer oragee
Qui tempeste écumant aux rochers de Sigee.
Ide le sacré mont en resonne dolent,
De ses pleureux Cyprés la perruque branlant:
Mille vaisseaux Gregeois ne sont assez capables
Pour le butin raui des flammes execrables:
Le riuage en est plein, la mer s'en va iouant,
Et maints riches ioyaux vont sur les flots nouant.

TRAGEDIE.

I'atteste des grands Dieux la puissance funeste,
Ie t'atteste, Ilion, & tes cendres i'atteste,
Et toymesmes Priam des Dardanes le Roy,
Que Troye enseuelie enseuelist en soy.
Et vous mes chers enfans, nombreuse geniture,
Ie vous atteste aussi, par vos Ombres ie iure,
Que i'ay cogneu premiere, & premiere predit
Tous les maux que Cassandre a furieuse dit:
Tous les maux que Cassandre a, de Phebus esmeuë,
Predit pour nostre bien, qui ne l'auons pas creuë.
I'ay veu i'ay veu premiere, helas! ie les ay veus,
De toy Paris enceinte, & ne les ay pas teus.
 Le caut Laertien ny le vaillant Tydide,
Le deloyal Sinon, ny le fatal Pelide
N'ont eslancé ce feu qui brule estincelant:
C'est moy qui l'ay soufflé, c'est moy qui vay brulant
Les grands murs d'Ilion, les antiques Pergames,
Hecube c'est ton feu, ce sont tes propres flames.
 Mais pourquoy gemis-tu? pourquoy vas-tu pleurant
Les ruines de Troye & son feu deuorant?
Pourquoy les pleures-tu, lamentable vieillesse?
Songe à ton propre dueil, à ta propre tristesse,
Troye est vn dueil publique où chacun a sa part,
Mais pleure ton Priam, reuerable vieillard,
Las! ie l'ay veu meurtrir, Dieux! ce penser m'affole,
Et dedans le gosier m'arreste la parolle.
I'ay veu i'ay veu, chetiue, au saint autel des Dieux
Le ieune Pelean occire furieux
Le monarque d'Asie, & sa mortelle espee
Dedans le tiede sang de sa gorge trempee:
En vain de Iupiter l'image il embrassa,
Et pour auoir secours sa voix luy adressa,

LA TROADE,
En vain, palle & tremblante, aux piés de ce Pelide
I'opposay ma poitrine à son glaiue homicide,
Pour receuoir le coup de sa barbare main,
Pour receuoir l'effort de son glaiue inhumain:
Le bon homme il tira par la perruque grise,
L'arrachant des autels, nostre vaine franchise,
Et iusques au pommeau son poignard luy passa
Par son debile corps, qui soudain trespassa:
Son froid sang consommé par les saisons de l'âge,
Iaillissant foiblement m'arrosa le visage.
Mourant ie l'embrassay, i'embrassay mon espoux,
M'arrachant les cheueux, me martelant de coups.
Las ô rigueur du ciel! ô voute lumineuse!
O Celestes cruels! ô Parque rigoureuse!
Il ne me fut permis de faire vn plus long dueil,
Il ne me fut permis de le mettre au cercueil,
Il ne me fut permis luy clorre les paupieres,
Et dire dessur luy les paroles dernieres,
On m'entreina de force en ces fatales naus,
Auec ce peuple serf, pour y pleurer nos maux.

Ainsi l'âge grison de ce Roy venerable,
Ainsi de Iupiter l'image inuiolable
N'ont esmeu le cruel, ainsi tombeau n'aura
Qui iadis tant d'enfans, pere, ensepultura:
De bucher aura faute aux ruines Troiques,
Et de funebres pleurs en nos larmes publiques.

Encores n'est-ce assez, on va iettant le sort
Sur chacune de nous qui sommes sur ce port:
On nous va partageant comme quelque bagage,
Les filles de Priam & les brus on partage:
L'vn, hardy, se promet l'Andromache d'Hector,
L'vn la femme d'Helen, & l'autre d'Antenor,

L'vn veut pour son butin ma Polyxene prendre,
Et l'autre veut auoir la prophete Cassandre:
De moy seule on n'a cure, on n'a cure de moy,
Et nul de tous les Grecs ne m'affecte pour soy.
 Mais pourquoy, cher troupeau, pourquoy filles captiues
N'emplissez-vous de cris ces resonnantes riues?
Pourquoy cessent vos pleurs, & pourquoy cessez-vous
D'ouurir vostre poitrine & la plomber de coups?
Pleurons nostre Ilion, ô filles, pleurons Troye,
Et que le Ciel sanglant nos cris funebres oye.
Les obseques faisons de Troye, & que les bois
D'Ide malencontreuse entendent nostre voix.
Ch. Nous ne sommes pas nouuelles
 A lamenter nos malheurs,
 Nous auons continuelles
 Depuis espandu des pleurs,
 Que la nauire Troyenne,
 Arbre à Cybele sacré,
 Pour nostre mal eut ancré
 Sur la riue Amycleanne.
Depuis, les steriles branches
 De tes solitaires bois
 On a veu de neges blanches
 Enfariner par dix fois,
 Ide : & les plaines fecondes
 De Gargare & de Sigé
 Depuis ont dix fois chargé
 Leur sein de iauelles blondes.
Nul iour en tout cest espace
 Exempt de pleurs n'a esté:
 Comme vn infortune passe,
 Suruient vne aduersité.

        B. iij.

Touſiours vn nouuel eſclandre
La fin de nos malheurs ſuit,
Qui nouueaux regrets produit,
Et nouuelles pleurs engendre.
Allez Royne venerable
  Lamentez voſtre accident,
  Leuez la main miſerable,
  Nous vous irons ſecondant.
Las! nous vous ſuiurons, chetiues,
  Vos plaintes accompagnant:
  Aux pleurs qui nous vont baignant
  Nous ne ſommes apprentiues.
Hec. Sus donc compagnes fidelles
  De nos malheurs, deliez,
  Deliez les treſſes belles
  De vos cheueux deliez:
Qu'à val voſtre col d'iuoire
  Ils tombent eſparpillez,
  Et larmoyant les ſouillez
  Dedans ceſte poudre noire.
Vos eſpaules albaſtrines
  Deſpouillez, & vos bras blancs,
  Et vos honneſtes poitrines
  Découurez iuſques aux flancs:
Vos robes ſoyent aualees.
  Auſſi bien pour quel eſpoux,
  Eſclaues, garderez-vous
  Vos pudicitez volees?
Ceſte façon m'eſt plaiſante,
  Et conuient à noſtre eſtat.
  Que voſtre main forcenante
  Voſtre triſte ſein ne bat?

TRAGEDIE.

Pleurons nos malheurs Troïques,
Pleurons & pleurons encor
La mort funeste d'Hector,
Reueillant nos pleurs antiques.
Ch. Nos perruques détachees
De leurs cordons, vont mouuant,
Sur nostre dos épanchees,
Comme ondes au gré du vent.
Nous allons leur blonde soye
Et nos fronts deshonorant
De cendres, le demeurant
De nostre defuncte Troye.
Hec. Or desployez vos mains blanches,
Que vostre sein soit déclos,
Que vos habits iusqu'aux hanches
Vous tombent dessur le dos :
Et puis selon que la rage
De vostre iuste langueur
Vous animera le cœur,
Faites à vos corps outrage.
Que les Rheteannes riues
Resonnent horriblement,
Sous vos angoisses plaintiues
Et vostre gemissement.
Qu'Echo, qui Deesse hante
Les antres des monts secrets,
Nos lamentables regrets
D'vne longue voix rechante.
Que la mer vos cris entende,
Et le Ciel, les escoutant,
Par le monde les espande,
Nos esclandres racontant.

LA TROADE,

Il faut qu'vn plus grand son i'oye
De nos seins, que nous battons,
Puis qu'Hector nous lamentons,
Hector l'ornement de Troye.
Ch. Pour toy souffrent nos Esprits,
Pour toy redoublent nos cris,
Pour toy cendre Hectoride,
Nous souffrons d'aspres efforts,
Et pour toy de nostre corps
Coule le sang humide.
Tu estois le seul support,
Le mur, le rempart, le fort
De nostre destinee:
Nostre esperance mourut
Par le dard qui te ferut,
Troye en fut ruinee.
Elle arresta les destins
Pendant que tu la soustins,
Hector, & le iour mesme
Que la mortelle Clothon
Deuida ton peloton,
Luy fut son iour supreme.
Hec. Hector est assez ploré
De vos cris lamentables,
Que Priam soit honoré
De complaintes semblables.
Ch. Entens, des Dardanes Roy,
Nos plaintes, & les reçoy,
Reçoy nos fertiles pleurs,
Reçoy nos longues douleurs:
Tu as, cher vieillard, deux fois
Esté prins par les Gregeois,

Deux

TRAGEDIE. 5

Deux fois Troye tu as veu
Ardre d'Achaique feu,
Et ses murs deux fois outrez
Par les Herculides tretz.
Apres que tu as les corps
Brulé de tes enfans morts,
Et logé leurs ossemens
Aux antiques monumens,
Tu es tombé le dernier
Chez l'auare Nautonnier,
Immolé du Pelean
A Iupiter Hercean:
Et maintenant comme vn tronc,
Ton corps, couché de son long,
Va sans sepulchre pressant
Ce riuage blanchissant.

Hec. Cessez, filles, cessez vos langoureuses plaintes,
Estouffez les soupirs de vos ames contraintes,
Laissez laissez vos pleurs, vos gemissables pleurs,
Laissez vos tristes chants, & les tournez ailleurs:
Le destin de Priam ne semble lamentable,
Le destin de Priam ne luy est miserable,
Priam est bien-heureux, qui bornant son ennuy,
Vieil a veu trebucher son royaume auec luy.
Maintenant asseuré de tous humains encombres,
Il erre aux Elysez entre les saintes Ombres,
Sous les fueillages frais des myrtes odoreux,
Recerchant son Hector, ô qu'il est bien-heureux!
" O bien-heureux celuy qui mourant en la guerre,
" De soymesme heritier ne laisse rien sur terre:
" Ains voit tout consommer deuant que de mourir,
" Et auecques sa mort toutes choses perir!

C.i.

LA TROADE,

Ch. Mais voicy le Heraut de l'armee Argolique,
Il nous est enuoyé pour quelque chose inique,
Ie tremble, & le frisson me glace tout le corps.
Hec. Il nous faut, volontiers, laisser ces tristes bords.
Ch. Adieu terre Troyenne. Hec. A moy ce dur message,
Quel qu'il soit, appartient, il vient pour mon dommage.
Heraut, quel infortune encore nous assaut?
Nostre malheur extreme a-til quelque defaut?
Veut-on sacrifier? veut-on de nous captiues
Faire couler le sang sur ces moiteuses riues?
Vos vaisseaux sont-ils pleins? ne les peut-on charger,
Regorgeans de butin, de nos corps sans danger?
Dy, Heraut, ie te pry. Talt. Les Argolides Princes
Desirans retourner en leurs douces prouinces,
Sont au port assemblez, pour partager entr'eux
Les despouilles qui sont en leurs nauires creux:
Ils vont ietter le sort sur les Troiques Dames,
Puis ils departiront toutes les autres ames.
He. Hé hé. Tal. Mais, par honeur, les Gregeois ont fait don
De la vierge Cassandre au grand Agamemnon
Cognoissant qu'il l'aimoit. Hec. Quoy? ma fille Cassādre?
Talt. Elle mesme : ie suis enuoyé pour la prendre.
Hec. Cassandre, que Phebus a retenue à soy?
Tal. Elle a gaigné le cœur d'Agamemnon le Roy.
Hec. Elle a sa chasteté consacree à Minerue.
" Talt. Le vœu ne sert de rien à celle qui est serue.
Hec. Hé, bōs Dieux, ma Cassādre! Talt. Et quel plus grād
Luy pouuoit aduenir que d'estre à tel seigneur? (honeur
Hec. La fille d'vn grand Roy, ta prestresse diuine,
O Phebus crespelé, seruir de concubine!
Venez, fille, & ostez ces templettes qui sont
Autour de vostre teste, autour de vostre front:

TRAGEDIE.

Iettez cet habit saint,ces robes solennelles,
Ces girlandes iettez pour vos nopces nouuelles.
Mais dy moy,qui aura Polyxene des Grecs?
Qui la femme d'Hector? Talt. Vous le sçaurez apres,
Le sort n'est pas ietté.Hec.Moy,que le dernier âge
Et le mal debilite,entreray-ie en partage?
Seray-ie mise au sort? aura-ton le soucy
De m'embarquer vieillotte & enleuer d'icy?
Cass.O bien-heureux Hymen! souhaittable Hymenee!
O saint lict nuptial! couche bien fortunee!
O nopçage royal! Il vous conuient parer
Cheres filles de Troye, à fin de l'honorer.
Garnissez-vous de fleurs,& d'allaigre courage
Chantez autour de moy ce fatal mariage.
Hec. Filles reparez-vous,apportez des flambeaux,
Et changez vos regrets en carmes nuptiaux.
Cass. Consolez-vous,Madame,Helene l'adultere
N'a tant à nostre race apporté de misere,
De meurtres & d'horreurs en si grande foison,
Que i'en iray combler l'Atreide maison.
Egorger ie feray le Prince de Mycenes
Dans son propre palais,& ressentir les peines
De mon vieil geniteur,que les sanglantes mains
Des Grecs ont massacré dans ses Penates saints.
Egorger ie feray(i'en saute d'allaigresse)
Le grand Agamemnon,monarque de la Grece,
Par sa femme impudique,& l'homicide dol
Du fils Thyestean,son adultere mol.
Ie seray vengeresse & du sang de mes freres,
Et du sang de Priam,contre leurs aduersaires.
Agamemnon ie voy le poignard dans le flanc,
Contre terre estendu se touiller en son sang.

C.ij.

LA TROADE,
Se mouuoir, se debattre, ainsi qu'vn bœuf qu'on tue,
Apres le coup mortel s'efforce, s'éuertue,
Se tourne & se retourne, & par ce vain effort
Cuide se garantir de la presente mort.
 Puis ie roy la fureur du parricide Oreste,
Comme sa mere il tue, & le fils de Thyeste,
Et comme transporté d'amour hymenean,
Pyrrhe il va massacrant, le meurtrier de Priam:
Resiouy toy mon cœur, car bien que ie trespassè
Auec ce bel espoux, la mort m'est vne grace.
Car quel desir de vie, & quel contentement
Puis-ie auoir de ce monde, où ie suis en tourment?
Talth. L'aspreur de ton desastre est cause que tu iettes
De ton esprit mal-sain ces menaces profettes,
Qui pourtant n'auiendront: Iupiter le grand Dieu,
Ces desastres fera tomber en autre lieu.
Il fauorise Atride, & d'Atride il prend cure,
Qui est son propre sang & sa progeniture.
Hec. Ma fille, leurs malheurs n'amoindrissent de rien
Les maux que nous portons. Cass. Ils nous consolent bien.
Hec. Ils ne sçauroyent oncque estre égaux à nos encōbres.
Cass. Rien ne peut égaler leurs futurs malencontres.
Hec. Quãd nous n'auriōs souffert que ce siege outrageât.
Cass. Ils n'ont pas moins souffert que nous, en assiegeant.
Hec. Nos murs sont engloutis des flammes vagabondes.
Cass. Leurs vaisseaux, engloutis, periront sous les ondes.
Hec. Nous auons veu mourir nos maris deuant nous.
Ca. Leurs femmes n'ōt pas moins perdu leurs chers épous.
He. Depuis dix ans entiers nous n'auōs fait que plaindre.
Cass. Depuis dix ans entiers elles n'ont fait que craindre.
He. Nos peuples sont destruis. Ca. Leurs peuples sōt ainsi.
Hec. Mon Hector est occis. Cass. Achile l'est aussi.

Hec. Priam entre mes mains a sanglant rendu l'ame.
Cass. Agamemnon mourra par les mains de sa femme.
Hec. I'ay sur luy respandu tant d'humeur de mes yeux.
Cass. Elle espandra sur luy des mots iniurieux.
Hec. Nostre Hymen est dissout par ce dur homicide.
Cass. La mort d'Agamemnon marira Tyndaride.
Non, Madame, croyez, le mal continuel
Des Grecs est cent fois plus que le nostre cruel.
Les Grecs pour recouurer vne femme lasciue
Ont emply mille naus de la ieunesse Argiue:
Mille naus ont conduit deuant vne cité,
Qui leur a par dix ans, à leur dam, resisté.
Combien la peste noire aux ailes sommeilleuses
En a fait deualer aux ondes Stygieuses?
Combien le bruyant Mars? & combien de Neptun
En fera trebucher le courroux importun?
Puis ceux qui perissoyent autour de nos murailles,
Auec l'ame perdoyent l'honneur des funerailles,
Loingtains de leurs maisons, & n'auoyent autour d'eux
Leurs femmes, lamentans leurs trespas hasardeux,
Qui les tinssent mourans, deuestissent leurs armes,
Et ne pouuans parler, sanglotassent des larmes,
Leur composant les yeux, les baisant, embrassant,
Et leur fuyant esprit des léures ramassant.
Ch. Encores la pluspart priuez de sepulture
Aux oyseaux charongniers ont fourni de pasture:
Ou si de quelque ami le charitable soin
A leurs corps inhumez, c'est de leur terre loin,
C'est loin de leur famille, & des tombes moiteuses
Où sont de leurs ayeux les reliques poudreuses.
Cass. Les Troyens au contraire, armez pour leur pays,
Leurs temples, leurs enfans, par les Grecs enuahis,

C.iij.

LA TROADE,
Ont dix ans combatu, dix ans entiers, & ore
sans la fraude Argolique ils combattroyent encore.
Et quel plus grand honneur sçauroit-on acquerir
Que sa douce patrie au besoin secourir?
Se hasarder pour elle, & courageux respandre
Tout ce qu'on a de sang, pour sa cause defendre?
" Toute guerre est cruelle, & personne ne doit
" L'entreprendre iamais, sinon auecques droit:
" Mais si pour sa defense & iuste & necessaire,
" Par les armes il faut repousser l'aduersaire,
" C'est honneur de mourir la pique dans le poing
" Pour sa ville, & l'auoir de sa vertu tesmoing.
Si le nerueux Hector, de Bellone le foudre,
Ne fust mort combattant sur la Troyenne poudre,
Des Gregeois assailly : si Paris, & tous ceux
Que cette terre mere en ses flancs a receus,
Gisans dessus l'arene, abbatus par les armes,
Pour nous vouloir sauuer des Dolopes gendarmes:
Bref, si la caute Grece à nos ports n'eust ancré,
Pour les murs d'Ilion renuerser à son gré,
Nostre nom fust sans gloire, & nos belles louanges,
Mortes, n'eussent passé iusqu'aux terres estranges:
Le nom fameux d'Hector au tombeau fust estaint,
Et n'eust, ainsi qu'il fait, aux estoiles attaint.
Talth. Mets fin à tes propos, ò Vierge, & ne dedaigne
D'estre d'Agamemnon l'amoureuse compaigne.
Allon, il nous attend. Cass. Allon, Heraud, allon,
Il me conuient quitter les lauriers d'Apollon.
Adieu Patarean, ton seruice ie laisse,
Agamemnon de force emmeine ta Prestresse.
Adieu chere patrie, adieu Madame, adieu,
Adieu mes sœurs, & vous qui dormez en ce lieu,

Mes freres, inhumez dans les sepulchres sombres:
Non plus freres, helas! mais seulement des ombres,
Vous me verrez bien tost, bien tost vous me verrez
Sur les riuages noirs, où, palles, vous errez,
Poussant auecques moy le Roy des Argolides,
Et sa race infectant d'infames parricides.
Hec. Adieu ma fille, adieu. Ie n'en puis plus, ie meurs,
Parque tranche ma vie, & m'oste ces douleurs:
Hà hà. Ch. Madame, helas! Madame. Elle est pasmee,
Elle est sans sentiment, sa voix est enfermee:
Portons-la dans sa tente, & ne la laissons point
En ce mal angoisseux qui son ame repaint.

CHOEVR.

QVE maudit soit cent mille fois
 L'execrable Cheual de bois,
  Que l'ennemi pour nous tromper
  Laissa, feignant de decamper.
Plus haut il eleuoit le front
 Que le chef eleué d'vn mont:
  Et dans ses flancs logeoyent espars
  Maints squadrons armez de soudars.
Nous trop lourdement abusez
 Des fraudes des Gregeois rusez,
  Sortons à foule, desireux
  De voir ce Cheual malheureux.
Les Prestres, le front entournez
 De chapeaux de fleurs bien ornez,
  Parez de leurs vestemens saints,
  La branche d'Oliue en leurs mains,
Accoururent pour receuoir
 Ce Cheual, fait pour deceuoir,

LA TROADE,

Commandant au peuple excité
Qu'on le tirast dans la cité.
Nul vieillard tant fust decrepit,
   Et nul enfant tant fust petit,
   Demeura dans la ville alors,
   Ains chacun s'elança dehors.
Les vns y portans des flambeaux,
   Des fleurettes, ou des rameaux,
   Louoyent de chants deuotieux
   Cet image fallacieux.
Nos portaux on fait ruiner
   Pour dans Ilion l'attrainer,
   Nos murailles on met à bas
   Pour le presenter à Pallas.
Ce pendant le beau iour lassé
   S'est dedans la mer abaissé,
   Cedant à l'estoileuse nuit,
   Qui d'vn pié tenebreux le suit.
Lors plus allaigres nous dansons:
   L'air resonne de nos chansons,
   Et des doux accords d'instrumens
   Tout est rempli d'esbatemens.
Apres tant de ioyeux esbats
   Suruiennent les ioyeux repas:
   Succedent les riches festins,
   Pleins d'allaigresses & de vins.
Puis le Somne inaccoustumé
   S'est dedans nos yeux enfermé,
   Nos membres appesantissant,
   Et nos trauaux assoupissant.
Desia tout estoit en recoy,
   Et desia le silence coy,

Qui

Qui marche auecques piés laineux,
    Vaguoit par les quartiers vineux.
Nous reposions enseuelis
    De vin & sommeil, en nos lits,
    Confortant des labeurs passez
    Nos corps & nos esprits lassez.
Quand vn bruit affreux de soudars
    Fut entendu de toutes parts,
    Et les trompettes, & les cris
    Des pauures Dardanes surpris.
Lors chacun s'éueille en sursaut,
    Et de son lict effroyé saut:
    Nos maris courent estonnez
    A leurs harnois abandonnez.
Et nous leurs espouses, hurlant,
    Les allons baisant, accolant,
    Des bras nous leur serrons le corps
    De crainte qu'ils sortent dehors.
Nos petits enfans esperdus
    En chemise, les bras tendus,
    Ainsi se reclament à nous:
    Hé ma mere nous lairrez-vous?
Nous serrent de leurs bras menus
    Ou les cuisses, ou les piés nus,
    Imitant nos cris redoublez
    De leurs cris tendres & foiblez.
Tandis les ennemis ardans
    Mettent les portes au dedans,
    Meurtrissent d'vn bras impiteux
    Ce qui se trouue deuant eux.
Et ne ressortent des logis,
    Que leurs glaiues ne soyent rougis

D.i.

Du sang de nos pauures espous,
  Qu'ils massacrent aupres de nous.
Nos enfans d'vne dure main
  Sont arrachez de nostre sein,
  Auecques pareil creuecœur
  Qu'en nous arrachant nostre cœur.
Et nous, embrassant nos espous
  Qui vont trespassant deuant nous,
  Auec eux au sang nous souillons
  Qui sort de leurs corps par bouillons.
Mais ces Grecs, par inimitié
  Les mourables foulant du pié,
  Nous vont troublant en nos regrez,
  Et trainent à val les degrez.
Les coups nous tombent sur le dos
  Aussi frequens, que les sanglots
  Vont nostre gosier estoupant,
  Et nostre voix entrecoupant.
Aussi tost nous voyons en l'ær
  Mille flammes estinceler,
  Dessus les maisons bourdonnant
  Et nos saints temples moissonnant.
O nuit, ò lamentable nuit
  Qu'vne Tisiphone a produit!
  O nuit toute comble d'horreur,
  De sang, de braise & de fureur!
De toy iamais à l'auenir
  Ne me puissé-ie souuenir,
  Et iamais ton image faux
  Ne face rengreger mes maux.

TRAGEDIE.
ACTE II.

Andromache.   Helen.   Vlysse.
Le Chœur.   Astyanax.

Andromache.

Pourquoy Troyenne tourbe, auecques mains sanglātes
Arrachez-vous ainsi vos tresses blondissantes?
Pourquoy vostre estomac allez-vous trauaillant,
Et d'vn ruisseau de pleurs son albastre mouillant?
N'auons-nous enduré toutes choses cruelles?
Qu'est ce qui nous suruient digne de pleurs nouuelles?
Troye depuis naguere est destruite pour vous,
Mais pour moy, dés le temps que mourut mon espous.
Quand le char inhumain du Pelian Achille
Traina le corps d'Hector trois fois deuant la ville,
Que du fardeau pesant tout l'essieu gemissoit,
Et contre les cailloux sa teste bondissoit,
Qu'il traçoit le chemin d'vne saignense suitte,
Alors, ò paunre! alors, Troye me fut destruitte!
Alors ie perdy tout, & me vey arracher
Par le sort impiteux ce que i'auois de cher:
Alors tous les tourmens i'enduray de la vie,
Et le sac d'Ilion qui me rend asseruie,
A mes extremes maux ne m'a rien adiousté
Que la seule douleur de ma captiuité.
Encor ie preuy lors la Troyenne ruine
Ie preuy que bien tost nous serions la rapine
Des Gregeois indomtez, n'ayant plus le support
D'Hector nostre defense, encontre leur effort:
Alors donc ie ploray, non d'Hector l'infortune,
Mais au trespas d'Hector la ruine commune.

D.ij.

LA TROADE,

Car dés lors me sembla publique nostre dueil,
Et le cercueil d'Hector de Troye le cercueil.
 Depuis, i'ay respandu des larmes continues:
Depuis, mille soupirs i'ay poussé dans les nues:
I'ay fait mille regrets, & le Soleil doré
M'a depuis, miserable, ennuyeux esclairé.
Mon ame s'est depuis de tristesses repeuë,
Sejournant à regret sous la grand' vouste bleuë:
Et tousiours vn penser, vn souuenir tousiours
De sa mort, fait en moy son cours & son recours:
I'y repense sans cesse, & l'heure retardee
De mon futur trespas est toute en son idee:
Sans cesse ie le voy, tel que le vieil Priam
L'amena racheté des mains du Pelian,
Que palle, & sans couleur, despouillé de son ame,
Ie le tins en mes bras (en y pensant ie pasme!)
Et que sa chere teste en mon giron penchoit,
Et dessus luy mon œil mille pleurs espanchoit.
Qu'ainsi i'allois disant, il m'en souuient encore,
(Car ces propos, sans cesse, en moy ie rememore.)
 Mon cher espoux, ma vie, helas! vous me laissez,
Et la mort outrageuse à vos iours auancez:
Vous sortez de ce monde au milieu de vostre âge,
Et auec vostre fils ie demeure en veufuage:
Vostre mort est la nostre, & Troye qu'on enclost
De tant de bataillons, sera prise bien tost.
Vous estiez son rempart, vous estiez sa defense,
Seul à nos ennemis vous faisiez resistance:
Les femmes vous gardiez, & les enfans petits
De la fureur des Grecs, qui les prendront captifs,
Et nous emmeneront dans leurs nauires caues,
Pour nous vendre ou tenir en leurs maisons, esclaues.

TRAGEDIE.

Nostre enfant seruira, si du cruel trespas
Ie le puis garantir, ce que ie n'attens pas.
Car quelqu'vn, pour venger ou son fils, ou son pere,
Que vous aurez occis au combat sanguinaire,
Ou son frere germain, d'vne tour le ruera,
Ou, pendant à mon col, d'vn poignard le tuera.
Las! Hector, sans me voir, la vie auez perdue,
Et ne m'auez, mourant, vostre dextre tendue,
Ne m'auez consolee, & d'vn sage discours
Conforté mon esprit, qu'il retiendroit tousiours:
Ains m'auez seulement laissé de la tristesse,
Des pleurs, & des sanglots, que ie verse sans cesse.
 Tels propos ie luy tins, son visage baisant,
Et de mes tiedes pleurs, dolente, l'arrosant.
Ie l'eusse ia suiui, des Gregeois arrachee,
Si ce petit enfant ne m'en cust empeschee:
Mais il me contraint vivre, & requerir les Dieux,
Bien que sourds à ma voix, d'en estre soucieux.
Il me priue du fruit de ma misere mesme,
De ne craindre plus rien en malheur si extréme.
Las! ie tremble de crainte, & n'espere aucun bien.
" O grand malheur de craindre & de n'esperer rien!
Hel. Quelle tremblante peur descend en vos moüelles?
Andr. On dit, que des Enfers les portes eternelles
S'ouurent, & qu'aux tombeaux nos ennemis gisans
Reuiuent de rechef, pour nous estre nuisans.
Ceste funebre crainte est à chacun egale,
Et ne sçait on encor, sur qui l'effet deuale:
Mais vn horrible songe espouuante mon cœur.
Hel. Quels songes desastreux vous trament ceste peur?
Andr. Desia la nuit ombreuse estoit demi passee,
Et du Bouuier tardif la charrue abaissee,

LA TROADE,
Quand le somme flateux, mes langueurs assommant,
Apparoistre me fit mon Hector en dormant:
Non tel qu'il foudroyoit les Argiues armees,
Et qu'il lançoit ses feux dans leurs naus enflamees,
Mais lassé, miserable, abbatu, deformé,
Le chef couuert de crasse & en pleurs consommé.
Esueillez-vous, dist-il, esueillez-vous m'amie,
Repoussez le sommeil de vostre ame endormie,
Leuez-vous vistement, ma chere ame, & cachez
Nostre petit enfant, hastez-vous, depeschez,
Destournez quelque part l'espoir de nostre race.
 Lors ie transi de peur : vne soudaine glace
S'écoula dans mes os, mon somme s'enuola,
Et mes yeux vagabonds ie tournay çà & là,
Recerchant mon Hector, de mon fils oublieuse,
Mais soudain disparut l'ombre fallacieuse.
 O mon fils engendré d'vn pere genereux,
L'vnique reconfort des Troyens malheureux,
Le germe d'vne race antique & venerable,
A vostre geniteur que vous estes semblable!
Tel tel Hector estoit, il auoit vn tel port,
Il demarchoit ainsin, il estoit ainsi fort
D'espaules & de bras, semblable estoit sa grace,
Il portoit ainsi haut sa belliqueuse face.
 O mon fils, mon cher fils, verray-ie point le iour,
Que reparant l'honneur de ce natal seiour,
Vous redressez les tours & les palais antiques
Du flambant Ilion, les Pergames Troiques?
Verray-ie point le temps, que nos peuples espars
Vous r'assemblez, leur Roy, dedans nouueaux rempars?
Que la gloire & le nom ressusciter ie voye
Par vos armes, mon fils, d'vne nouuelle Troye?

TRAGEDIE.

Mais, ô chetiue femme! où vaguent tes esprits?
Où errent tes pensers? quelle fureur t'a pris?
Tu songes des palais, des tours, des diadémes,
Et ne commandons pas seulement à nous mesmes.
Nostre vie est en doute, ô mon fils, & ie crains
Qu'à ceste heure à ceste heure on t'oste de mes mains.
Où te pourray-ie mettre? helas! quelle cachette
Pour sauuer mon enfant me sera bien secrette?
Ceste ville orgueilleuse, abondante en tous biens,
Dont les Dieux ont basti les beaus murs anciens,
Fameuse par le monde, ore n'est qu'vne poudre,
Où les Dieux courroucez l'ont toute fait resoudre.
Si que d'vne Cité iadis si triomphant,
Seulement il ne reste où cacher vn enfant.

 Le sepulchre est icy que Priam fist construire
Pour les Manes d'Hector, on ne l'ose destruire,
L'ennemi le reuere, & a peur d'y toucher,
Il me faut là mon fils Astyanax cacher.
Et quel lieu luy sçauroit estre plus salutaire?
Qui pourra mieux garder vn enfant que le pere?
Las! le poil me herisse, & i'ay le cœur tout froid,
Pour l'effroyable abord de ce funeste endroit.

Hel. Plusieurs se sont sauuez d'vne mort poursuyuie,
Se feignans estre morts, bien qu'ils fussent en vie.
Andr. I'ay crainte que quelqu'vn me voise deceler.
Hel. N'ayez aucuns tesmoins qui en puissent parler.
Andr. Si l'on me le demande, helas! qu'auray-ie à dire?
Hel. Vous direz qu'on l'a peu au sac de Troye occire.
Andr. Et que nous seruira de feindre qu'il soit mort?
Hel. Pour sa vie asseurer de l'aduersaire effort.
Andr. Il ne peut long temps estre en ceste tombe obscure.
Hel. Des vainqueurs ennemis le colere ne dure.

Andr. Il me sera tousiours en pareille terreur.
Hel. Il ne faut qu'euiter la premiere fureur.
Andr. Las! ie ne sçay que faire. Or à toute auanture
Allons mon doux souci, dans ceste sepulture.

Dieux, si quelque pitié vos courages repaist,
Si l'amour maternelle à vos yeux ne desplaist,
Et si des Phrygiens les supremes miseres
Ont de vos Deitez amorti les coleres,
Helas! pardonnez-nous, & pardonnez à ceux,
A qui ont pardonné les glaiues & les feux:
Ou si tant de malheurs n'ont peu vous satisfaire,
Conseruez cet enfant & meurtrissez la mere.

Toy toy vaillant Hector, qui les tiens as tousiours
Des Gregeois defendus, vien nous donner secours:
Garde le cher larcin de ta femme piteuse,
Et sauue ton enfant en ta tombe cendreuse.

Or entrez, mon enfant, demeurez là dessous,
C'est pour vostre salut. Pourquoy reculez-vous?
Pourquoy refuyez-vous? vostre ame genereuse
Dedaigne volontiers ceste cache honteuse.
Il vous fasche de craindre, helas! mon cher souci,
Ce n'est à faire à nous de leuer le sourci.
Le malheur nous accable: il faut que le courage
Nous croisse & nous decroisse auec le sort volage,
Et suyure la saison. Sus donc entrez dispos,
Au creux de ce tombeau, d'Hector le saint repos.
Là, si des immortels la haine est assouuie,
Et leur plaist nous aider, vous sauuez vostre vie:
Que si le malheur dure & veut que vous mourez
Dans ce larual sepulchre, vn tombeau vous aurez.
Hel. Retirez-vous soudain, voicy venir Vlysse:
Il ourdist contre nous quelque enorme malice.

Andr.

Andr. Que la terre ne s'ouure, & l'Enfer ne se fend,
Pour enclorre en son sein le corps de mon enfant!
Sus Hector leue toy, fay separer la terre
Dessous Astyanax, puis soudain la resserre.
Voicy nostre ennemi, le Troique flambeau:
Dieux chassez telle horreur bien loin de ce tombeau.
Vly. Nos vaisseaux sont tous prests de laisser le riuage,
Mais vn seul poinct retient des Grecs le nauigage.
An. Le vent ne souffle à gré? *Vly.* Le vent est calme assez.
Andr. Les soldats espandus ne sont tous ramassez?
Vly. Ils sont dedans les naus prests de mouuoir les rames.
Andr. Que ne laissez-vous donc ces riuages infames?
Vly. Nous craignōs. *An.* Las! & quoy? que craignez-vous
Sont-ce les os de Troye, ou les cendres d'Hector? (encor?
Vly. Nous redoutons sa race. *And.* Helas elle est esteinte!
Vly. Si en auons-nous peur. *Andr.* O la gentille crainte!
Vly. Tandis qu'Hector viura dans le sang de son fils,
Nous recraindrons tousiours les Troyens déconfits:
Tousiours nous semblera que le malheur renaisse,
Qu'vne flotte Troyenne aborde dans la Grece,
Qui nous vienne lancer de Troye les tisons,
Et en face embraser les Argiues maisons.
Ce menaçant danger panchera sur nos testes,
Tandis que les Troyens pourront leuer les crestes,
Et que le fils restant d'vn si grand belliqueur,
Comme estoit vostre Hector, leur haussera le cœur.
Andr. Est-ce vostre Calchas qui ces frayeurs vous donne?
Vly. Quand il n'en diroit rien, vn chacun le raisonne.
Andr. Redouter vn enfant? *Vly.* Vn enfant heritier
Des sceptres & vertus d'vn Prince si guerrier.
Andr. En vn âge si tendre? *Vly.* Il est tendre à ceste heure,
Mais tousiours en son âge vn enfant ne demeure.

E.i.

Ainsi l'enfant foiblet d'vn Taureau mugissant,
A qui ne sont encor les cornes paroissant,
Incontinent accreu d'âge & force, commande
Au haras ancien, sa paternelle bande.
　Ainsi d'vn tronc de Chesne vn sion renaissant,
Qui va dans vn halier imbecille croissant,
Egal en peu de temps de hauteur à son pere,
Eleue dans le Ciel sa teste bocagere.
　Ainsi d'vn grand brasier qu'on pensoit amorti,
Vn simple mecheron, de la cendre sorti,
Dans la paille s'accroist, si que telle scintille
En peu d'heures pourra deuorer vne ville.
Andr. N'ayez crainte de luy, nostre malheur cruel
Luy a filé bien ieune vn trespas casuel :
Bien ieune deualé dans l'infernal abysme,
Il est allé reuoir son pere magnanime,
Le pauuret, & encore il n'a sepulchre aucun,
Si Troye ne luy sert de sepulchre commun.
N'ayez peur que iamais vos enfans il effroye,
Qu'il repare iamais les ruines de Troye,
Qu'il bastisse vn royaume en ces bords desertez,
Et rassemble en vn corps les Troyens escartez.
N'ayez peur, n'ayez peur, qu'à vostre mal il croisse,
Et qu'au riuage Grec iamais il apparoisse,
Conducteur d'vne armee, à fin de se venger,
Que Mycenes il aille ou Argos assieger.
Vly. Ie sçay que la pitié, la pitié maternelle
Vous peut faire trouuer ma demande cruelle :
Mais si considerez, vuide de passion,
Combien sa vie importe à nostre nation,
Combien le Grec soudard chenu dessous les armes,
A crainte de rentrer en nouuelles allarmes,

TRAGEDIE. 14

Franchir nouueaux dangers, apres auoir le sein,
Par tant de durs combats de mille vlceres plein,
Vous mesme excuserez cet acte necessaire,
Et ne m'estimerez pour cela sanguinaire.
Ie ferois le semblable enuers mon propre fils,
Et iadis le semblable, Agamemnon, tu fis,
Liurant ton Iphigene à Diane homicide,
Pour sauuer nos vaisseaux retenus en Aulide.
Ne trouuez donc estrange & dur ce que ie dis,
Puis que ce Roy vainqueur l'a bien souffert iadis.
Andr. Pleust à Dieu, mon enfant, que, ta mere, ie sceusse
En quelle part tu es, & qu'auec toy ie fusse:
Ie sceusse par quel sort tu m'as esté raui,
Si d'vn maistre la main te retient asserui,
Si par les creus deserts, vagabondant, tu erres,
Ces plaines trauersant, inhospitables terres:
Si la flamme rongearde a ton corps consommé,
Si des palais tombans les toicts t'ont assommé,
Si le vainqueur cruel s'est ioüé de ta vie,
Ou si de toy les Ours ont leur faim assouuie,
A fin que le souci qui douteuse me mord,
S'allentist, entendant ou ta vie ou ta mort.
Vly. Laissez-là ces propos déguisez d'artifice,
Vous ne sçauriez tromper de paroles Vlysse.
Dites-moy rondement sans plus dissimuler,
Où est Astyanax, où se fait-il celer?
Andr. Où est le preux Hector, où est Priam, Troile?
Où sont les Phrygiens, où Troye nostre ville?
Vly. Dites-le de vous mesme, ou lon vous contraindra.
Andr. Que mon corps on torture ainsi que lon voudra.
Vly. Vous le confesserez apres vn long martyre.
Andr. Il n'est tourment si grand qui me le face dire.

E.ij.

LA TROADE,
Vly. Pourquoy retaisez-vous ce que vous sçauez bien?
An. Pourquoy m'enquerez-vous ce dont ie ne sçay rien?
Vly. Il faudra tost ou tard, s'il vit, qu'il apparoisse.
An. Pourquoy voulez-vous donc mé faire tãt d'angoisse?
Vly. Vous retardez l'armee ardante du retour.
Andr. Ie ne suis nullement cause de son seiour.
Vly. Nous auons arresté ne quitter ceste terre,
Qu'arraché nous n'ayons la racine de guerre,
Que n'ayons vostre fils. Le grand prestre Calchas
Nous defend de partir laissant Astyanas.
Où est-il? deliurez-le : il vous conuient le rendre.
Depeschez, hastez-vous, ie ne puis plus attendre.
Andr. Ie ne puis deliurer celuy que ie n'ay pas.
Vly. On vous fera mourir d'vn horrible trespas.
Andr. La mort est mon desir, si me voulez contraindre
Venez-moy menacer de chose plus à craindre,
Proposez-moy la vie. Vly. Auec le feu sonnant,
Les cordes & les foüets, on vous ira gesnant.
" Car l'extreme douleur est volontiers plus forte
" A contraindre quelqu'vn, que l'amour que lon porte.
Andr. De fer rouge, de feu trauersez-moy le sein,
Versez dans ma poitrine & la soif & la faim,
Bourrelez-moy le corps de flammes rougissantes,
Faites moy consommer en des prisons puantes,
Tenaillez, tirassez, tronçonnez-moy le corps,
Gesnez-moy de tourmens pires que mille morts:
Bref, ce qu'eurent iamais tous les tyrans d'enuie
Pour contenter leur rage, exercez sur ma vie.
Vly. Que vous sert de celer ce qu'on sçaura bien tost?
Le naturel amour que vostre cœur enclost
Bat en nostre poitrine, &, comme vous, nous presse
De vouloir conseruer les enfans de la Grece.

Andr. Sus sus donnons plaisir aux Grecs à ceste fois:
Asseurons asseurons malgré nous les Gregeois.
Il me faut deceler la douleur qui me ronge,
Rien ne sert à mon dueil le couurir de mensonge,
Gregeois ne tardez plus, desemparez le port,
Ne redoutez plus rien, Astyanax est mort.
Vly. Quel moyen auez-vous de nous le faire croire?
Andr. Puissé-ie promptement cheoir sous la voûte noire:
Que tout le malencontre & le cruel mechef
Qu'vn vainqueur peut songer, me tombe sur le chef,
Si, auecques les morts, la tombe charongniere
Ne le detient, gisant priué de la lumiere.
Vly. Puisque le fils d'Hector est de ce monde hors,
Il ne faut plus douter de sortir de ces bords.
Les destins sont remplis, ie porte la nouuelle
Aux Gregeois soucieux, d'vne paix eternelle.

  Comment, Vlysse? & quoy? veux-tu que les Danois
Te croyent ayant creu d'vne femme la vois?
D'vne mere piteuse? est-il donc raisonnable
Qu'vne mere au danger de son fils soit croyable?
Elle fait grands sermens, & ne craint de s'offrir
A tous genres de mort : que peut-elle souffrir
Pire que sa douleur? craindroit ell' le pariure
Pour crainte de la mort que mourable elle adiure.
" Celuy ne craint les Dieux en pariure inuoquer,
" Qui de l'ire des Dieux ne se fait que moquer.
Employons toute ruse, & ne portons le blasme
D'auoir esté trompez des fraudes d'vne femme:
Voyons sa contenance: elle pleure, gemist,
Se tourne çà & là, la face luy blesmist,
Elle cuide escouter, bref elle a plus de crainte
Que son ame ne semble estre de dueil attainte.

Il faut ici veiller d'vn esprit entendu.
  Quand quelqu'vn, Andromache, a son enfant perdu
On le va consolant de sa tristesse amere:
Mais il faut enuers vous en vser au contraire.
Vous estes bien-heureuse, & le ferme destin
Qui vous est si funebre, est en cela benin,
Vous ayant deliuré du plus grief infortune,
Que iamais en ce monde ait porté femme aucune.
On deuoit vostre fils, tiré d'entre vos bras,
Porter sur vne tour & le rouer en bas.
  And. Bons Dieux, le cœur me faut, ie chancelle, ie tremble,
Vne soudaine glace en mes veines s'assemble.
  Vly. Elle a peur, c'est bon signe, il faut continuer:
Ie luy voy, ie luy voy le visage muer,
Voila bon, tout va bien, la fremissante crainte
De ceste pauure mere a découuert la feinte,
Il la faut augmenter. Sus, compagnons, apres,
Empoignez, emmenez cet ennemi des Grecs,
La peste & la poison des Citez Argolides,
Euentez, découurez aux cauernes humides,
Furetez, voyez tout, attreinez : il est pris.
Pourquoy regardez-vous ? qui trouble vos esprits?
La poitrine vous bat : si faut-il bien qu'il meure.
  And. La frayeur qui me prend ne vient pas de ceste heure:
Ie suis de si long temps accoustumee à peur,
Qu'à la moindre occurrence elle me coule au cœur.
  Vly. Et bien, puis qu'il est mort, & que sa destinee
Ne permet accomplir nostre charge ordonnee,
Calchas veut qu'en son lieu lon rompe ce tombeau,
Et que d'Hector la cendre on épande dans l'eau:
Qu'autrement nous n'aurons de retraitte asseurée
Par les flots escumeux de la mer coleree,

TRAGEDIE.

De tourmente battus, si de ce grand Heros
Elle n'a pour butin les cendres & les os:
Puis donc que son fils mort nos esperances trompe,
Il faut que ce tombeau presentement on rompe.
Andr. Hé Dieux! que ferons-nous ? mon esprit élancé
De deux extremes peurs, chancelle balancé
Sans sçauoir que resoudre: icy l'enfance chere
De mon fils se presente, icy les os du pere.
Las ! auquel doy-ie entendre ? O Dieux des sombres nuits,
Et vous grands Dieux du ciel, autheurs de mes ennuis,
Et vous Manes d'Hector, saintement ie vous iure
Que rien qu'Hector ie n'aime en ceste creature:
Ie l'aime pour luy voir de sa face les trais,
Et pour ses membres voir des siens les vrais portraits.
Que ie tolere donc ? que permettre ie puisse
Qu'on rompe ce tombeau ? que lon le demolisse?
Que sa cendre on respande, & qu'on la iette au vent,
Ou aux flots de la mer qui ces bords vont lauant?
Non, qu'il meure plustost. Mais, las! t'est-il possible
Le liurer pour souffrir vne mort si horrible?
Pourras-tu voir son corps elancé d'vne tour,
Pirouetter en l'air de maint & de maint tour?
Puis, donnant sur vn roc d'vne cheute cruelle,
Se moudre, se broyer, s'écraser la ceruelle?
Ouy, ie le souffriray & pire chose encor,
Si faire se pouuoit, plustost que voir Hector
Saquer de son sepulchre, arracher de la biere,
Et le faire aualer à l'onde mariniere.
Mais quoy? cestuy-là vit, cestuy-ci ne vit plus,
Insensible, impassible, en vn tombeau reclus.
Helas ! donc que feray-ie en chose si douteuse?
Mais pourquoy si long temps branlé-ie fluctueuse?

Ingrate, & doutes-tu lequel des deux, tu dois
Sauuer de la fureur du cruel Itaquois?
Voicy pas ton Hector qui au tombeau te prie?
Mais voicy son enfant qui du mesme lieu crie:
Tu dois de ton Hector auoir plus de souci,
Voire mais cet enfant est mon Hector aussi.
Or donc, ne les pouuant tous deux garder d'outrage,
Sus conserue celuy qu'ils craignent dauantage.
Vly. Ie veux faire accomplir la volonté des Dieux,
Ie feray renuerser ce sepulchre odieux.
Andr. Vn ouurage sacré? Vly. Ie verseray par terre
Les cendres & les os de celuy qu'il enserre.
Andr. Les reliques d'Hector que vous auez vendu?
Vly. Il ne restera rien qui ne soit respandu.
And. I'inuoque des grands Dieux la dextre foudroyante.
Vly. Vous verrez degrauer ceste tombe relante.
Andr. Rompre des monumens, qu'en la plus grand' fureur
De l'esclandre Troyen vous eustes en horreur?
Ie ne le souffriray, ie feray resistance,
Le iuste desespoir m'accroistra la puissance,
Telle qu'vne Amazone, au milieu de vos dars
I'iray bouleuersant les troupes de soudars,
Ie combattray, guerriere, & mourray pour defendre
De mon defunct espoux la sepulcrale cendre.
Vl. Depeschez, Compagnons, lairrez-vous pour les cris
D'vne femme, à parfaire vn ouurage entrepris?
And. Meurtrissez-moy, mechans, plustost que ie le souffre.
Sors, Hector, leue toy du Plutonique gouffre,
Vien defendre ton corps de ce Laërtien,
Ton Ombre suffira. Vly. Qu'il ne demeure rien,
Abbatez, rasez tout. Andr. Las! pauurette, ie tremble,
Ils vont perdre le pere & l'enfant tout ensemble.

L'horri-

L'horrible pesanteur des pierres le broira,
Le pere trespassé son enfant meurtrira.
   Or donc face le Ciel son vouloir sanguinaire,
Se soulent les destins, ie ne puis plus que faire.
Si les Dieux inhumains ne sont encore souls
De nos calamitez, qu'ils nous meurtrissent tous:
Que de cet enfançon ils tirent les entrailles,
Et rouges de son sang, en battent les murailles,
Escarbouillent son chef contre vn rocher froissé,
Pourueu que de son pere il ne soit oppressé.
Peut-estre esmouuras-tu des Gregeois le courage,
Pour n'estre, mon enfant, si boüillans au carnage.
Tu n'as autre recours : sus donc prosterne toy
Deuant ton ennemi pitoyable de soy.
   Vlysse bon Vlysse, ores vos piés i'embrasse,
Qui fus d'vn Roy l'espouse, & de royale race:
Ces mains aux piés d'aucun ne toucherent iamais,
Et n'esperent encore y toucher desormais:
Prenez pitié de moy mere tres-miserable,
Receuez mes soupirs, soyez moy pitoyable,
Et d'autant que les Dieux vous eleuent bien haut,
Soyez benin à ceux que le malheur assaut:
Estimant que du sort la main est variable,
Qui vous peut, cõme à nous, estre vn iour dommageable.
Ainsi le bleu Neptun vous prospere au retour,
Et vous face bien tost reuoir le chaste amour
De vostre Penelope : ainsi vostre venuë
Deride de Laert la vieillesse chenuë:
Et le Ciel puisse ainsi Telemaq' conseruer,
Et plus qu'ayeul, que pere, en honneur l'eleuer.
Vsez vers moy de grace : hé que mon fils ne meure,
Que pour mon reconfort, helas ! il me demeure.

F.i.

LA TROADE,
I'ay perdu pere, mere, & freres & mari,
Royaumes, libertez : tout cela m'est peri.
Rien ne m'est demeuré que ceste petite ame,
Que i'auois arraché de la Troyenne flame:
Laisses-le moy, Vlysse, & qu'il serue auec moy.
Hé, peut-on refuser le seruice d'vn Roy?
Vly. Faites-le donc venir. Andr. Sortez ma chere cure,
Sortez chetif enfant, de ceste sepulture.
Voila que c'est, Vlysse : & n'est-ce pas dequoy,
Dequoy mettre auiourdhuy mille naus en effroy?
Sus iettez-vous à terre, & de vos mains foiblettes
Embrassez ses genoux, songez ce que vous estes:
Demandez qu'il vous sauue, il est vostre seigneur,
N'en faites pas refus, ce n'est point deshonneur:
Oubliez vostre ayeul, son sceptre & diadéme,
Oubliez vos maieurs, & vostre pere mesme,
Portez-vous en esclaue, & humble à deux genoux
Suppliez-le qu'il ait quelque pitié de vous:
Arrosez de vos pleurs sa dextre vainqueresse,
Comme me voyez faire, & la baisez sans cesse.
Vly. Les pleurs de ceste mere attendrissent mon cœur:
Mais d'vn autre costé cet enfant me fait peur,
Qui est fils d'vn tel pere, & qui pourra, peut estre,
Reuengeant son pays, de nous se faire maistre:
Et plonger en douleurs, en larmes & regrets,
Vn iour qu'il sera grand, les familles des Grecs.
An. Quoy? ces flouettes mains, ces deux mains enfantines,
Pourront bien restaurer les Troyennes ruines?
Pourront bien redresser les murs audacieux
Du cendreux Ilion, que bastirent les Dieux?
Vrayment, si d'autre espoir Troye n'est soustenue,
Que de ce beau guerrier, son attente est bien nue!

Nous ne sommes, helas! en estat de pouuoir
Fascher iamais autruy, bien qu'en eussions vouloir.
Vly. Ie vous le laisseroy : ie n'ay l'ame si dure,
Mais il faut de Calchas suiure le saint augure.
Andr. O pariure, mechant, deloyal, affronteur,
Cauteleux, deguisé, de fraudes inuenteur,
Tu masques ton forfait, tu couures ta malice,
D'vn Prophete & des Dieux, qui detestent ton vice.
Vly. Allons, ie n'ay loisir de contester long temps,
Et en si vains propos despenser mal le temps.
Andr. Permets à tout le moins que le dernier office
Ie luy face sa mere, & adieu ie luy disse:
Permets, permets qu'au moins ie le puisse embrasser,
Et plorer dessus luy deuant que trespasser.
Vly. Ie voudroy volontiers à vos pleurs satisfaire,
Ie voudroy vous aider, mais ie ne le puis faire:
Tout ce qu'ore ie puis c'est vous donner loisir
De faire vos regrets selon vostre desir.
" La douleur que lon pleure est beaucoup allegee.
Andr. O le seul reconfort de ta mere affligee!
O lustre de l'Asie! ô l'espoir des Troyens!
O sang Hectorean! ô peur des Argiens!
O esperance vaine! ô enfant deplorable!
Que ie m'attendois voir à ton pere semblable
En faicts cheualeureux, & te voir quelque iour
Au throsne de Priam tenir icy ta cour.
Las! cet espoir est vain, & ta royale dextre
Iamais ne portera de tes ayeulx le sceptre:
Tu ne rendras iustice à tes peuples soumis,
Et ne subiugueras tes voisins ennemis:
Tu n'iras moissonner les Gregeoises phalanges,
Tu n'iras de ton pere egaler les louanges,

F.ij.

LA TROADE,
Tu ne meurtriras Pyrrhe, & trainé par trois fois
Ne luy feras racler le Troïque grauois.
Ieune tu ne feras exercice des armes,
Tu n'iras trauailler, d'ordinaires allarmes,
Les bestes des forests, affrontant, animeux,
L'espee dans le poing, vn sanglier écumeux,
Vn grand Ours Idean, ou de carriere viste
Tu ne suiuras d'vn cerf l'infatigable fuitte.
O cruauté de mort! nos murs verront helas!
Vn spectacle plus dur que d'Hector le trespas!
Vly. Mettez fin à vos pleurs, trop long temps ie demeure.
An. Permettez-moy, pour Dieu, que mon enfant ie pleure,
Que ie le baise encore : O mon mignon tu meurs
Et me laisses, pauuret, pour languir en douleurs.
Las! tu es bien petit, mais ja tu donnes crainte.
Or va, mon cher soleil, & porte ceste plainte
Aux saints Manes d'Hector, ja la main il te tend,
Et sur les tristes bords toute Troye t'attend.
Mais deuant que partir, que ie te baise encore,
Que ce dernier baiser gloutonne ie deuore.
Or adieu ma chere ame. Ast. Hé, ma mere. And. Pourquoy
Pourquoy, pauuret, en vain reclamez-vous à moy?
Pourquoy me tenez-vous? Ast. Hé, ma mere, il m'emmeine.
And. Ie ne vous puis aider, ma resistance est vaine.
Ast. Helas! ma mere, helas! me lairrez-vous tuer?
Andr. Ah, que i'ay de douleur! ie veux m'esuertuer,
Ie veux mourir pour luy : mais de quelle defense
Seruiront mes efforts? ie n'ay point de puissance.
Ils vous prendront de force, ainsi qu'en vn troupeau
L'on voit vn grand Lyon prendre vn ieune Taureau
Pres les flancs de sa mere, & l'emporter d'audace,
Quoy que pour le sauuer son possible elle face.

TRAGEDIE. 19

Prenez donques en gré, d'vn magnanime cœur,
De voſtre cruel ſort l'implacable rigueur.
Mon enfant, mon amour, prenez en patience
La mort qui vient trancher le fil de voſtre enfance,
Helas! & receuez, pour mes ſupremes vœux,
Ces larmes, ces baiſers, ce touffeau de cheueux
Que ie viens d'arracher, tirant de mes entrailles
Mille pleureux ſanglots, vos triſtes funerailles.
Vly. Ces pleurs n'ont point de fin, prenez-le viſtement,
Il eſt de nos vaiſſeaux le ſeul retardement.

CHOEVR.

O Mer, qui de flots raboteux
 Eſbranlez vos ondes pouſſees,
 Comme il plaiſt aux vents tempeſteux,
 Guides des nauires poiſſees,
 Où tranſporter nous voulez-vous,
 Loin de nos riues delaiſſees
 Et de noſtre terroir ſi dous?
Sera-ce aux monts ombrageux
 De Theſſalie, où Penee
 Par les vallons tenebreux
 Fait vne courſe obſtinee?
 Où de Tempé les tiedeurs
 D'vne fleureuſe halenee
 Le Ciel parfument d'odeurs?
Sera-ce où les colereux flots
 Tourmentent Trachin la pierreuſe?
 Et les hauts rochers d'Iolchos?
 Ou en la Crete populeuſe?
 En l'Etoliene Pleuros?

F.iij.

Ou en Trice l'infructueuse?
Ou la Pelopienne Argos?
Sera-ce point en ce lieu,
En ceste isle rechantee,
Où iadis nasquit vn Dieu
D'vne iumelle portee?
Quand l'amour de Iupiter
Latone ayant surmontee
La fist en Dele enfanter.
Il ne nous chault en quelle part
L'escumeuse mer nous écarte,
Nous supporterons tout hazard
Pourueu que ce ne soit en Sparte.
Qu'en tous autres lieux qu'on voudra
L'on nous distribue & departe,
Toute terre à gré nous viendra.
Mais puisse plustost la mort
Nous couurir sous ceste arene,
Que nous approchions du port
De l'abominable Helene:
Qui pour nourrir les chaleurs
De sa volonté vilaine
Nous a filé nos malheurs.
Dés lors, nostre mechant destin
Brassoit nos futures miseres,
Quand Paris bûchoit le sein
Pour bastir des naues legeres
Sur Ide, qui en gemissoit,
En longues plaintes bocageres,
Dont tout le bord retentissoit.
Si ces naus n'eussent esté,
Paris n'eust la mer tentee:

TRAGEDIE.

Si la mer il n'eust tenté
Il n'eust Sparte visitee:
Si Sparte il n'eust visité
Il eust Helene euitee,
Peste de nostre Cité.
Ainsi par la faute d'vn seul
Nous sommes en pleurs continues:
Nos ames de continu deul
Ont esté depuis soustenues:
Et nos longues calamitez
Sont en terre & au ciel connues
Aux hommes & aux deitez.
Les Gregeoises nations
Ne sont de nos maux exemptes,
Et nos mesmes passions
Leurs femmes souffrent dolentes:
Perdant par mesme Paris,
Et par mesme Helene, absentes
Leurs enfans & leurs maris.
Que bien vray le chantre sacré,
Fils de la belle Calliope,
A dit, pinçant son Lut sucré
Sur la Thracienne Rhodope,
Que rien en ce globeux sejour
N'est si franc de la main d'Atrope
Qu'il ne perisse quelque iour.
Le Pole Austral tombera
Dessus l'Afrique rostie:
Et l'Arctique accablera
Les campagnes de Scythie:
Le iournal Soleil qui luit,
Teindra sa torche amortie

LA TROADE,
Aux tenebres de la nuit.
Ainsi rechanta quelquefois
    Sur la croupe Sithonienne
    Orphé, qui oreilla les bois
    Au son de sa lyre ancienne,
    Ayant perdu à son retour,
    Dans la caue Plutonienne
    Eurydice son chaste amour.
Ores les esclandres durs
    De la tempeste fatale,
    Qui acrauante les murs
    De nostre ville royale,
    D'Orphee approuuent la voix,
    Nous monstrant que tout deuale
    Dessous les mortelles loix.

ACTE III.

Hecube. Le Chœur. Talthybie.

Hecube.

COmpagnes, qui naguere estiez l'honneur de Troye,
Et maintenant des Grecs estes la vile proye,
Soustenez-moy le corps, rompu d'âge & d'ennuis,
Qui maintenant esclaue auecques vous ie suis
De Royne triomphante, & de mere feconde
De tant de fils guerriers, renommez par le monde.
Aidez-moy, portez-moy, asseurez-moy les pas,
Leuez mes foibles mains qui tombent contre bas,
Ou, de peur, mes enfans, que trop ie vous ennuye,
Donnez-moy mon baston, que de luy ie m'appuye.
Vne langueur pesante enueloppe mes sens:
D'heure en heure mes nerfs se vont affoiblissans.

Et

TRAGEDIE.

Et quand ie suis seulette en ma tente couchee,
Ie meurs de mille soings mortellement touchee.
Et sur tout d'vn noir songe : ô songe desastreux!
Songe plein de terreur ! songe malencontreux!
Plus ie suis en repos, plus ce moleste songe
Ancré dedans mon cœur me deuore & me ronge:
Ainsi que le Vautour du larron Promethé
Se paist continuement de son cœur becqueté.
Ch. Et quelle vision vous est si outrageuse?
Hec. Il m'a semblé, dormant, qu'vne Biche peureuse,
Nourrie en mon giron, que i'aimois tendrement,
Rauie m'a esté par vn Lyon gourmant,
Qui l'a deuant mes yeux en pieces déchirée,
Et sa tremblante chair gloutement deuoree.

Puis vn autre phantosme à moy s'est apparu,
Dont m'a la froide horreur les veines parcouru:
I'ay veu le grand Achill', de face menaçante,
Monté sur le sommet de sa tombe pesante,
Demander à grands cris qu'on l'eust à premier
De quelqu'vne de nous, qui fust à marier.
O que i'ay grande peur que ma fille il demande!
Ou qu'elle soit choisie en nostre serue bande
Pour luy estre immolee! & que i'ay peur aussi
Que mon fils Polydore ait sa part en ceci:
Que, pour estre sauué de la guerre douteuse,
Nous auons fait nourrir en la Thrace negeuse!
O grands Dieux de la terre & des Enfers hideux,
Des songes le manoir, conseruez-les tous deux.
Ch. Las! voicy Talthybie. Hec. O que ne suis-ie morte!
Ch. Il ne vient pas à nous. Hec. Cela me reconforte.
Ch. Il est tout effrayé. Ie ne sçay si Calchas
Ce seroit aduisé de quelque nouueau cas.

G.i.

Talt. N'est-ce pas chose estrange & de merueille pleine,
Que sans pouuoir singler sur la vagueuse plaine,
Nostre flotte demeure aux clostures du port,
Et n'en puisse sortir par nul humain effort:
Que tousiours immobile & ferme elle seiourne,
Soit qu'elle aille à la guerre,ou soit qu'elle en retourne!
Ch. Quelle cause,dy nous,arreste les vaisseaux?
Qui clost vostre retour par les marines eaux?
Tal. Ie ne le puis conter : telle chose m'effroye.
Desia Phebus rayoit sur les coustaux de Troye,
Et le iour repoussoit les ombres de la nuit,
Quand la terre ebranlee auec horrible bruit,
Rendit vn son affreux de ses cauernes creuses,
Les bois firent mouuoir leurs testes ombrageuses,
Le mont Ide tonna du grand fracassement
Que firent ses rochers tombant horriblement:
La mer deuint troublee & se noircit d'orage,
Vn abysme apparut au milieu du riuage,
S'estant la terre ouuerte & fendüe en deux parts,
Iusqu'au fond de l'Erebe,ouuert à nos regards:
Lors le phantosme craint de l'indomptable Achille,
Saillit du gouffre noir,tel que deuant la ville
Il alloit moissonnant les bataillons entiers,
Couurant le champ poudreux de monceaux charõgniers,
Qui portez de leur sang dans le fleuue de Xanthe,
Estoupoyent le chemin de son onde bruyante.
Ou tel que dans son char,superbe trainassant
Hector,autour de Troye il alloit paroissant.

   L'espouuantable son de sa rude parole
Remplit l'air vaporeux de ceste riue molle:
Allez,dist-il,allez Argolides ingrats,
Prenez les honneurs deus à l'effort de mes bras,

Faites voiles, voguez par les eaux maternelles,
Allez reuoir la Grece, ô ames infidelles!
Vous serez repentans d'auoir fraudé mon los,
Si Polyxene vierge on n'immole à mes os.
 Il eut dit, & soudain plongé dans la cauerne,
Il recheut, tout grondant, au Plutonique Auerne.
L'antre se resserra, les vents resterent coys,
Et des flots orageux cesserent les aboys.
Hec. O de mes songes vrais effet trop veritable!
O pauure Polyxene! ô mere miserable!
Ch. Portons-la dans sa tente & la reconfortons.
La mort ne mettra fin au mal que nous portons?

CHOEUR.

Se peut-il faire qu'en nos corps,
 Gisans dans le sepulchre morts
  Loge nostre ame?
 Et combien qu'ils soyent consommez,
 Elle n'abandonne iamais
  Leur froide lame?
Que le feu deuorant qui bruit,
 Et en cendre nos os reduit,
  N'ait pas la force
 De nous destruire entierement,
 Ains de nous brule seulement
  L'humaine escorce?
Ou s'il nous consomme si bien,
 Que du tout il ne reste rien,
  Rien ne demeure:
 Et qu'alors mesmes, & qu'alors
 Que l'esprit dernier est dehors,
  Tout l'homme meure?

       G.ij.

Non : mais comme d'vn bois gommeux
Sort en flambant vn air fumeux,
Qui haut se guide,
Et volé bien auant és cieux
Se pert, eloigné de nos yeux,
Dedans le vuide.
Ainsi de nostre corps mourant
La belle ame se retirant,
Au ciel remonte,
Inuisible aux humains regards,
Et là, franche des mortels dards,
La Parque domte.
Elle seiourne auec les Dieux
En vn repos delicieux,
Toute diuine:
Se bien-heurant d'auoir quitté
La terre, pour le ciel voûté,
Son origine.
D'auoir sans violens efforts,
Faulsé de son terrestre corps
Les chartres closes,
Pour, loin de son faix écarté,
Contempler en sa liberté
Les saintes choses.
Où le mortel souci ne poind,
Où Lachesis ne file point,
Où l'inconstance
Du hazard, qui flotte tousiours
Sur nos chefs en cet humain cours,
Ne fait nuisance.
Là de ce lourd fardeau bien tost,
Qui mon ame en tristesse enclost,

TRAGEDIE.

Du tout deliure,
Puissé-ie au saint palais des Dieux,
Franche de ces maux ennuyeux
A iamais viure.

Pyrrhe. Agamemnon. Calchas.
Pyrrhe.

VOVS auez donc voulu faire partir l'armee,
Et la gloire d'Achil laisser desestimee?
D'Achil par qui les murs de Troye sont à bas,
Qui a tant terracé d'ennemis aux combats,
Qui Telephe a contraint, par sa blessure sage,
De nous ouurir sa terre & ottroyer passage:
Qui a tué Troile & le more Memnon,
Qui d'Hector l'inuincible a destruit le renom,
Qui a Penthasilee abbatu contre terre,
Qui a tant exploité de braues faits de guerre,
Couru à tant d'assauts : qui a tant saccagé
De villes & de forts au meurtre encouragé,
Encore on luy refuse, encore on luy dénie
Vne esclaue, que veut son bien-heureux Genie.
Vous trouuez inhumain de luy sacrifier
La fille de Priam pour le gratifier,
Qui auez immolé pour l'adultere Helene,
A la rade d'Aulis, vostre fille Iphigene:
Vous blasmez en autruy ce que vous auez fait,
Et vous semble vertu ce qui nous est forfait.
" Ag. La ieunesse ne peut commander à soymesme.
" Cet áge tousiours porte vne fureur extréme.
I'ay auec attrempance autrefois supporté
Le colere d'Achille & sa ferocité.

G.iij.

« Car tant plus nous auons sur autruy de puissance,
« Tant plus il nous conuient vser de patience.
« Pyrrhe, c'est peu de vaincre, il faut considerer
« Ce qu'vn vainqueur doit faire, vn vaincu endurer:
« Et craindre la fortune, aux presens variables,
« D'autant plus que les Dieux se monstrent fauorables.
Nous auons esprouué par cet assiegement
Que les sceptres des Rois tombent en vn moment.
Pourquoy plus orgueilleux Troye nous fait paroistre?
Nous sommes au lieu mesme où elle souloit estre.
La Fortune, Priam, qui te rend si chetif,
Certes me fait ensemble & superbe & craintif.
« Et cuidez-vous qu'vn sceptre autre chose ie pense,
« Qu'vn simple nom couuert d'vne vaine apparence,
« Que le moindre hazard peut rauir à tous coups,
« Sans mille naus y mettre, & dix ans, comme nous?
« La Fortune tousiours ne se monstre si lente:
« Souuent à nous destruire elle est plus violente.
Aussi le Ciel i'atteste, & le throsne des Dieux,
Qu'onques ie n'eus vouloir d'abattre, furieux,
Les Pergames de Troye, & de mettre à l'espee
Par vn sac inhumain cette terre occupee.
Sans plus ie desirois voir leur cœur endurci,
Contraint à demander de leur faute merci:
Mais du soldat ne peut l'outrageuse insolence
Tellement se dompter, qu'il n'vse de licence,
Quand la nuit, la victoire, & le courroux luy ont
Acharné le courage, & mis l'audace au front.
Donc ce qui est resté de sa rage demeure:
C'est assez, ie ne veux qu'aucun de sang froid meure:
Ie ne le veux souffrir, endurer ie ne doy
Qu'à mes yeux on égorge vne fille de Roy:

TRAGEDIE.

Qu'on plonge le cousteau dans ses entrailles tendres,
Et de son chaste sang on arrose des cendres:
Et que pour déguiser vn si barbare faict,
Mariage on l'appelle : il n'en sera rien fait.
Des fautes de l'armee il faut que ie responde:
Sur moy le deshonneur & le blasme en redonde.
" Aussi qui souffre vn crime estre fait par autruy,
" S'il le peut empescher, offense autant que luy.
Py. Achille n'aura donc aucune recompense?
Ag. Si aura, tout le monde entendra sa vaillance:
Il n'y aura quartier de ce vague vniuers
Qui ne soit abreuué de ses gestes diuers.
" La louange est le prix de tout cœur magnanime.
" Tout braue cœur ne fait que de la gloire estime.
Que si les trespassez s'esiouissent de sang,
Que dessur son tombeau lon en tire du flanc,
Ou du gosier ouuert d'vne belle Genice,
Sans que d'vne pucelle on face sacrifice.
Quelle façon barbare & coustume est-ce là?
Quelle execrable horreur? qui vit iamais cela
Qu'vn homme trespassé, dans sa tombe, eust enuie
D'vn autre homme viuant, de son sang, de sa vie?
Vous rendriez vostre pere à chacun odieux,
Le voulant honorer d'actes iniurieux.
Py. O superbe, arrogant en fortune prospere,
Timide & abbatu quand elle t'est contraire,
Des Princes le tyran, tu es accoustumé
D'auoir de nouueau feu l'estomac allumé,
Et de toutes beautez insolemment t'esprendre.
Tu veux dõque à tous coups seul nos despouilles prendre?
Non non, sois asseuré qu'auiourdhuy, malgré toy,
Sa victime ordonnee Achille aura de moy.

Que si tu la retiens & refuses d'audace,
Ie luy en enuoyray de plus digne en sa place:
Aussi bien trop long temps est oysiue ma main,
Priam veut son pareil, il l'aura tout soudain.
Ag. Vrayment tu es comblé de grande vaillantise,
D'auoir occis Priam, vne vieillesse grise,
Que ce tien pere auoit en sa tente embrasé,
Luy demandant le corps de son fils trespassé.
Que ne l'imites-tu? Py. I'imite sa prouesse.
Ag. De massacrer vn Roy en extreme vieillesse!
" Py. La mort plus que la vie agree aux affligez.
Ag. Les vieillards par pitié sont de Pyrrhe esgorgez.
Py. I'occis mes ennemis. Ag. D'vne clemence egale
Tu veux sacrifier vne fille royale.
Py. La tienne as immolé qui ores le defens.
Ag. Le pays ie prefere à mes propres enfans.
" Py. Il n'est point defendu par les loix de la guerre
" De tuer les haineux de sa natale terre.
" Ag. L'honneur & le deuoir defendent maintesfois
" Ce qui n'est defendu par les seueres loix.
" Py. Ce qui plaist au vainqueur est loisible de faire.
" Ag. D'autāt qu'il peut beaucoup, d'autāt luy doit mois
Py. Tu as accoustumé tels propos alleguer   (plaire.
Aux Rois tes compagnons, que tu veux subiuguer:
Mais Pyrrhe ne veut plus souffrir ta tyrannie.
Ag. Pour vn tel Scyrien c'est trop de felonnie.
Py. Scyre n'a point produit de tels monstres qu'Argos.
Ag. C'est vn mechant rocher enuironné de flots.
Py. Aux flots & à la mer mon ayeule commande.
O que d'Atré la race & de Thyeste est grande!
Ag. Mais tu n'es qu'vn bastard, encor quand tu fus faict,
Ton engendreur Achill' n'estoit homme parfait.

Py. Ie

TRAGEDIE.

Py. Ie suis d'Achille fils, dont la race est connüe
De la terre, du Ciel, & de la mer chenüe.
Eac' est sous la terre, en son ciel Iupiter,
Et l'ondeuse Thetis fait les flots agiter.
Ag. D'Achille, à qui Paris a terminé la vie.
Py. Mais d'Achille qui l'a au grand Hector rauie.
Ag. Paris, le plus coüard des Troyens & des Grecs.
Py. Achille, qu'vn des Dieux n'eust attaqué de pres.
Ag. Ie pourrois refrener l'audace impetueuse
De ce ieune arrogant, & sa langue outrageuse,
Mais aux fautes des miens i'ay le cœur trop humain :
Car mesmes aux captifs sçait pardonner ma main.
Il faut auoir Calchas & son aduis entendre.
Si le destin le veut ie la souffriray prendre.

Toy qui as autrefois delié nos vaisseaux,
Qui croupissoyent colez aux Beotiques eaux,
Qui prudent as tollu la demeure des guerres,
Qui truchement du ciel predis sur les tonnerres,
Les foudres, les esclairs, qui les destins cognois
Au paistre des oyseaux, au vol, & à la voix :
Qui sçais ce que menace vne estoile crineuse,
Vne estoile qui traine vne torche flammeuse :
Dy nous, diuin Calchas, aux immortels pareil,
Ce que nous deuons faire, & nous donne conseil.
Cal. Le sang d'Astyanax ne suffit pas encore :
Il faut que le tombeau d'Achille l'on decore
Du sang de Polyxene, & qu'aux ombres de luy
Pyrrhe espouser la meine, & l'immole auiourdhuy.
Autrement à iamais nostre flotte retiue,
Sans pouuoir demarer pressera ceste riue,
Et faudra que les Grecs renoncent de pouuoir,
Confinez à ces bords, leurs familles reuoir.

H.i.

LA TROADE,

Pyrrhe. Hecube. Polyxene.

Pyrrhe.

ALLEZ, soldats, allez, que soudain on l'amene,
C'est tardé trop long temps, amenez Polyxene,
Ia de son rouge sang deust fumer le tombeau,
Ia dans sa gorge deust plonger le saint couteau:
Nous sommes par trop lens au merité salaire,
Que requierent de nous les vertus de mon pere.
Attreinez, arrachez. Hec. Mechans que faites-vous?
A l'aide, Citoyens, venez, secourez-nous.
Py. Hecube, pour neant vous faites resistance,
Elle est deuë à mon pere, elle est sa recompanse.
Ie l'auray, laschez-la, c'est l'arrest du conseil,
Qu'on arrose ses os de son beau sang vermeil.
Hec. O Iupiter! vois-tu sans courroux cet outrage?
Où est ton foudre craint? Py. Rien ne sert ce langage,
Ie ne veux perdre temps, le sacrifice est prest.
Hec. Quel conseil est-ce là? quel execrable arrest?
Py. Que sur l'ombreux tombeau du valeureux Achille,
A ses Manes sacrez i'immole vostre fille.
Hec. Immoler? & pourquoy? qu'a Polyxene fait?
Que seruira son sang, quel en sera l'effet?
Py. C'est le vouloir des Dieux, qui nostre flotte agile
Empeschent de voguer, sans guerdonner Achille.
Hec. A son nom des autels faites edifier.
Py. Il n'a besoin d'autels que pour sacrifier.
Hec. Que l'on luy sacrifie vne pleine hecatombe.
Py. Il veut que vostre fille on immole à sa tombe.
Hec. Helas! pourquoy ma fille? assez mes enfans n'ont
Parmi le sac Troyen veu l'Erebe profond?

TRAGEDIE.

Le sang de mes enfans n'a teint assez la terre?
Mes enfans n'ont assez empourpré ceste guerre?
Ne doit de tant de morts Achille estre contant,
Sans m'oster ceste-cy qui seule m'est restant?
Quoy? le pauure Priam, que vous vinstes occire
Entre mes bras tremblans, ne luy doit-il suffire?
Prenez plustost Helene, Helene plus qu'aucun,
Impudique a tramé nostre malheur commun:
Par elle est mort Achille & Troye subuertie,
Elle a mieux merité de luy seruir d'hostie.
Aussi qu'elle est plus digne, extraite de Iupin,
D'honorer vostre Achille, extrait de sang diuin:
Et qu'en rare beauté Polyxene elle passe,
Comme elle fait encore en esprit & en grace.
Py. L'Ombre du preux Achil' veut Polyxene auoir.
Hec. Que mes maux à pitié vous puissent esmouuoir,
O Pyrrhe, & que les ans de moy, que l'âge oppresse,
Et de ma fille aussi l'innocente ieunesse,
Poinçonnent vostre cœur : Pyrrhe, laissez-la moy,
C'est mon seul reconfort en ce lugubre esmoy:
Elle me sert d'appuy, de baston de vieillesse,
Et de sa pieté i'adoucis ma tristesse.
Las! ne me l'ostez point, ne la faites mourir,
Vous pourriez, la tuant, maint diffame encourir.
" Il ne faut qu'vn vainqueur insolemment se porte.
" La Fortune n'est pas tousiours de mesme sorte:
" Si ore elle vous rit, ne vous faut confier
" Qu'elle vous vueille ainsi tousiours gratifier.
I'ay nagueres vescu de richesses remplie,
Et de felicitez Royne tres-accomplie:
Las! pauure, & maintenant vn seul iour m'a osté,
M'abysmant en malheurs, toute prosperité.

H.ij.

LA TROADE,
Mon exemple vous meuue, ô genereux Pelide,
Et ne soit vostre main d'vne vierge homicide.
Quel blasme vous sera-ce? & combien de rancueur
Encourra d'vn chacun ce peuple belliqueur?
Quand en obscurcissant le clair de vos louanges,
On ira raconter aux nations estranges
Qu'apres vostre victoire aurez de sens rassis
Les vierges, les enfans, sur vos tombeaux occis?
Las! Pyrrhe, de bonne heure euitez ce diffame,
Et d'vne telle horreur ne soüillez point vostre ame:
Prenez pitié de moy, de moy prenez pitié,
Relaissez-moy ma fille, ains ma chere moitié.
Py. Il n'est cœur de rocher qui vos plaintes entende,
Et de compassion, les entendant, ne fende:
Mais l'humble pieté vers mon pere, qui plaint,
Et le salut commun de la Grece, m'astreint
De repousser vos pleurs, & l'oreille fermee,
Entendre au vueil d'Achille & au bien de l'armee:
Armez-vous de constance encontre le malheur,
Vous sentez vostre esclandre, & les Grecques le leur.
Quel nombre pensez-vous de Pelasgides meres,
Ont perdu leurs enfans en ces guerres ameres,
Et leurs tendres espoux, que le roux Simois
Enferme de ses eaux, bien loin de leur païs?
Ne pensez estre seule en vos durs infortunes,
Le dueil nous est commun, & les pertes communes.
Hec. Ma fille, vous voyez mes prieres voler
Autour de son oreille & se perdre par l'air:
Ma fille, que feray-ie? & que faut-il plus faire?
Parlez vous mesme à luy, c'est vostre propre affaire.
Iettez-vous à ses piés & requerez merci,
Peut estre vous rendrez son courage adouci:

TRAGEDIE. 27

Il n'est pas engendré d'vne Ourse Caucasine,
Et pour vn cœur ne porte vn marbre en la poitrine:
Adressez luy vos pleurs, & si bien l'esmouuez
De vostre douce voix, helas! que vous viuez.
Poly. Pyrrhe, ne destournez vostre face en arriere,
Ne vous reculez point pour n'ouir ma priere,
Ie ne demande rien, ie ne vous requiers pas
Que me vueillez, chetiue, exempter du trespas:
R'asseurez vostre cœur, vous n'aurez peine aucune
A reietter, felon, ma requeste importune.
Non non, ie vous suiuray, n'en ayez point de peur,
Ie vous suiuray par tout d'vn magnanime cœur.
Ne me vaut-il pas mieux que ie meure à ceste heure,
Qu'apres mille langueurs en seruice ie meure,
De mon honneur forcee, esclaue entre les mains
D'vn, qui m'ira soumettre à ces plaisirs vilains?
Et quel plaisir pourrois-ie auoir plus en ce monde,
De telle grandeur cheute en misere profonde,
Qui suis fille d'vn Roy, nourrie auec espoir
D'estre d'vn Roy l'espouse & dans vn throsne seoir?
Qui fus la sœur d'Hector aux armes indomtable,
Et maintenant seruir captiue miserable?
Plustost puissé-ie voir l'onde de Phlegethon,
Plustost puissé-ie cheoir aux caues de Pluton,
Laissant du beau Soleil la clairté radieuse,
Que voir ma chasteté souffrir chose honteuse.
Donc quand il vous plaira, Pyrrhe, allons à la mort,
Aussi bien n'ay-ie plus aucun autre confort,
Ie ne puis esperer de Fortune meilleure,
Tant nous sommes perdus, si ce n'est que ie meure.
 Or vous ma douce mere, helas! ne plorez point,
Plustost esgayez-vous de me voir en ce poinct:

H.iij.

Vous deussiez maintenant, c'est vostre vray office,
Me presenter vous mesme à ce dur sacrifice,
A fin de ne souffrir, sous estrangere loy,
Chose qui soit indigne & de vous & de moy.
" Il est bien plus aisé perdre vne fois la vie
" A fille de bon cœur que de viure asseruie.
" Py. Volontiers la vertu le sang illustre suit,
" Et des peres l'honneur en leurs enfans reluit.
" Vrayment Nature a fait à ceux vne grand' grace,
" Qui se peuuent vanter d'estre de bonne race.
Hec. Vous me faites mourir, vos propos genereux
Rengregent, ô mon œil, mes tourmens douloureux.
Hé, Pyrrhe, ayez pitié d'vne telle ieunesse!
N'arrachez de mon sein ceste sage Princesse:
Ne la massacrez point, vous aurez vn remord
Si vous l'allez tuer, pire que n'est la mort.
Que si pour contenter l'Ombre palle d'Achille,
Vne hostie vous faut de royale famille,
Me voicy, menez-moy, ie tendray le gosier,
I'ay encores du sang pour le rassasier:
C'est moy, Pyrrhe, c'est moy que sa tombe demande,
C'est de mon sang vieillard dont elle est si friande:
C'est moy qu'elle poursuit, qui Paris ay conceu,
Ce Paris dont il a le mortel coup receu.
Py. Ce n'est pas vous, il veut ceste fille pucelle.
Hec. S'il la veut, pour le moins, que ie meure auec elle,
A fin que plus de sang puissent boire ses os,
Et qu'vn double carnage appaise cet Heros.
Py. Vostre fille suffist, il ne faut dauantage
Sur ce caue sepulchre exercer de carnage.
Et encor pleust à Dieu que lon s'en peust passer.
Hec. Il nous faut il nous faut ensemble trespasser.

Py. Attendez que la mort prochaine vous enferre.
Hec. Ie luy suis iointe ainsi qu'aux Ormeaux le lierre.
Py. Laschez-la, c'est en vain : que vous sert vostre effort?
Hec. Plustost que ie la lasche il me faut mettre à mort.
Py. Ie ne m'en iray point, plustost que ie l'emmene.
Hec. Ie ne lascheray point ma fille Polyxene.
Poly. Madame laissez moy, de peur que le courrous
De ce ieune guerrier s'attise contre vous,
Et qu'il vous face outrage, en m'arrachant de force,
Et qu'à vos bras foibles il donne quelque entorce:
Qu'il nous traine par terre, & face dépiteux
De nos calamitez vn spectacle honteux.
Il faut qu'en endurant vostre douleur s'appaise.
Tendez-moy vostre main, à fin que ie la baise
Pour la derniere fois, car ie ne verray plus
Esclairer dessus moy la torche de Phebus:
Ie deualle aux Enfers en l'auril de mon âge,
Soulant des ennemis la carnagere rage.
Adieu Madame. Hec. O Dieux! ne sçaurois-ie mourir?
Le sang ne me sçauroit comme les pleurs tarir?
Doy-ie voir tant de morts? & voir les funerailles
De tel nombre d'enfans sortis de mes entrailles?
O ma fille! ains mon ame, ainsi donc ie vous pers,
Et sans moy vostre mere ouurirez les Enfers?
O pauure! ô miserable! Poly. Il faut que ie vous laisse,
Qui vous pensois seruir de baston de vieillesse.
Hec. Vous serez loin de moy sur le funebre bord.
Poly. Cela me gesne plus que ma cruelle mort.
Hec. Il me faudra passer mon âge en seruitude.
Poly. Helas! i'en ay au cœur grande solicitude.
Hec. Chetiue apres auoir cinquante enfans perdus.
Poly. Ils sont tous par Helene aux Enfers descendus,

LA TROADE,
Fors le prudent Helen & Cassandre, & encore
Le dernier de vos fils, le ieune Polydore,
Qui vous puisse suruiure, & vous clorre les yeux,
Quand la mort bornera vos tourmens ennuyeux.
He. I'ay peur qu'il ne soit plus. Po. N'ayez pas ceste crain-
Hec. I'ay ceste vision encore au cœur emprcinte.   (te.
Poly. Que diray-ie à Priam & au fameux Hector?
Hec. Que ie suis en ce monde où ie lamente encor.
Poly. Allons, Pyrrhe, il est temps, ie vous fay trop attēdre.
Allons de vostre pere ensanglanter la cendre,
Il me desplaist de vivre, allons-le contenter:
Que le couteau l'on vienne en ma gorge planter.
Hec. O desastre! ô misere! ô malheur incroyable!
O Ciel, ciel inhumain! ô Ciel impitoyable!
O Dieux sourds à nos cris, vainement reclamez!
Apres nostre carnage abayans affamez!
Pourquoy si longuement d'ans & de mal chargee
Me faites-vous trainer ceste vieillesse àgee,
Sans rompre le filet de mes vieux iours retorts,
Plustost qu'à mes enfans en leur ieunesse morts?
Qu'auecques mon mari n'ay-ie franchi le fleuue
Du bourbeux Acheron, sans luy suruiure veufue?
Suruiure à mes enfans, en dix ans massacrez
Au siege d'Ilion, par les couteaux des Grecs?
O Mort, que tardes-tu? qu'est-ce plus que tu tardes,
Que maintenant, au moins, mes poulmons tu ne dardes,
Affranchissant mon ame, & la deracinant
De ce corps miserable où ie me vay gesnant?

CHŒVR.

L'Ame fut de celuy mechantement hardie,
 Hardie à nostre mal,

Qui

Qui vogua le premier sur la mer assourdie
    Et son flot inegal.
Qui d'vn fraisle vaisseau raclant des ondes bleües
    Les larges champs moiteux,
N'a craint des Aquilons les haleines esmües,
    Ny des Autans pesteux.
Qui mesprisant la mort, à ses desseins compagne,
    Et prodigue de soy,
Aux moissons prefera d'vne herbeuse campagne
    Vn element sans foy:
Et d'vn cours incertain, sur des naus passageres,
    Sa terre abandonnant,
Alla, pour le proffit, aux terres estrangeres,
    Leurs riues moissonnant.
Quelle crainte de mort descendit dans ses moüelles?
    Qui le peut effrayer?
Qui, sans peur, veit enfler la cauité des voiles,
    Et les flots abayer?
Qui veit les rocs battus d'escumeuses tempestes
    Les Astres menaçans:
Et d'Epire les monts aux sourcilleuses testes
    De foudres rougissans?
Qui veit les Capharés, & les raiges de Scylle,
    Qui veit Charybde aupres,
En son ventre engloutir les ondes de Sicile,
    Pour les vomir apres?
" Sans cause Iupiter la terre a separée
"   D'vne vagueuse mer,
" Si les hardis mortels, de l'vne à l'autre orée,
"   Font leurs vaisseaux ramer.
Qu'heureux furent iadis, qu'heureux furent nos peres
    En leur temps bien-heureux,

I.i.

LA TROADE,
Qui de voir, nautonniers, les riues estrangeres
 Ne furent desireux:
Ains d'auarice francs & de feintes cautelles,
 Les pestes de ce temps,
Labouroyent paresseux leurs terres paternelles,
 Dont ils viuoyent contens.
On ne cognoissoit lors les humides Pleiades,
 Orion, ny les feux,
Les sept feux redoutez des pleureuses Hyades,
 Le Charton, ne ses bœufs.
Zephyre & Aquilon estoyent sans noms encore,
 Venus & les Iumeaux,
Astres, que le nocher palle de crainte adore
 Flambans sur ses vaisseaux.
Tiphys tenta premier la poissonneuse plaine
 Auec le fils d'Eson,
Pour aller despouiller vne riue lointaine
 De sa riche toison.
Puis nostre beau Paris de voiles & de rames
 Fendit l'onde à son tour:
Mais au lieu de toison, il apporta les flames
 D'vne adultere amour.
La Grece repassa la mer acheminee,
 Apportant le brandon
Qui vient d'enflamber Troye, & l'ardeur obstinee
 Du feu de Cupidon.

ACTE IIII.

Messager.   Andromache.
Talthybie.   Hecube.

Messager.

O spectacle cruel! ô destin miserable!
O detestable faict, horrible, espouuentable!
O bourrelle Achaye! ô peuples plus felons,
Plus barbares & durs que Scythes & Gelons!
Que les peuples cachez aux cauernes segrettes
Du touche-ciel Atlas, que les fiers Massagetes,
Nourriçons de Boree, & que les Ours ne sont,
Ou les Tigres foulans le Caucaside mont!
Andr. Quelle fureur t'époind? quelle chose inhumaine
Te transporte ô Troyen, & te met hors d'haleine?
Mes. Qu'a-ton veu de semblable? & qu'a-ton veu de tel
Durant tous les dix ans de ce siege mortel?
He. Ceste horreur m'appartiēt. An. Mais à moy miserable.
Hec. Mais à moy, car tout mal m'est helas! lamentable.
Chacun souffre le sien, mais le mal d'vn chacun,
Outre mes propres maux, m'est vn tourment commun:
Par ainsi, Messager, quel quel soit cet esclandre
Que tu vas deplorant, il vient sur moy descendre:
Et ne peux lamenter aucun malheur Troyen,
Suruenu de nouueau, qu'il ne soit du tout mien.
Mes. Astyanax est mort. Andr. O puissance eternelle!
Hec. Ne vengeras-tu, pere, vne cruauté telle?
And. Où est ores ton foudre & ce feu si grondant,
Que sur ces enragez tu ne le vas dardant?
Ne vois-tu de là haut ces griefues forfaitures?
Ou si tu n'as souci de venger nos iniures?
Accable, pour le moins, mon chef, Olympien,
Si contre les Gregeois ton foudre ne peut rien:
Accable accable moy, vien me broyer la teste,
Pour rompre la fureur qui dedans moy tempeste.

I.ij.

Pour me faire reuoir sur les riuages coys
Mon fils & mon espoux, meurtris par les Gregeois.
Mes. On l'a precipité du feste des murailles.
Andr. O quel elancement ie sens en mes entrailles!
Il faut que ie le voye, & qu'auant que la mer
Nous desloge d'ici, ie le face inhumer.
Hec. Ne bougez, entendons ce discours mortuaire.
Toy Messager poursuy, ne crains de nous desplaire.
De feu, de sang, de cris, de larmes ie me pais,
Ceste seule viande a mon cœur desormais:
Rien ne s'offre à mes yeux, rien ne bat mes oreilles
Que meurtres, que tombeaux, que pitiez nompareilles:
Et retraitte à par moy, ie n'ay l'entendement
Occupé iour & nuit que de ce pensement.
Ie me soule en mon mal, ie m'y baigne & m'y plonge,
Ce plaisant desplaisir de mon bon gré me ronge.
Conte donc ie te pry. Andr. Que la terre ne fend,
Et ne me va piteuse en son ventre étoufant?
Mes. Il nous reste vne tour de la defuncte Troye,
Que le feu n'a mangé, que la cendre ne noye,
Comme les autres tours, & que les soldats Grecs
Au publique brasier ont conseruee exprez,
Pour eternelle marque & recogneu trophee
De leurs braues labeurs, sur Troye triomphee.
Là nagueres Priam sur les creneaux estoit,
Dedans son throsne assis pendant qu'on combatoit,
Et de voix & de mains, à bas sous les murailles,
Graue en longs cheueux gris, arrangeoit les batailles,
Mignardant tendrement, & tenant en ses bras
Le petit fils d'Hector, luy monstrant les combats:
Et comme à coups de pique, endossé de ses armes,
Son pere alloit fendant la presse des gendarmes,

TRAGEDIE.

Les rompoit, foudroyoit, terraçoit à monceaux,
Et de sang & de feu remplissoit leurs vaisseaux.
 Ceste fameuse tour, ornement de la ville,
Mais, las! qui ressemble ore vn rocher inutile,
De peuple estoit pressee : autour, de toutes parts,
Eussiez veu fourmiller les chefs & les soldars :
Chacun sort des vaisseaux & par troupes s'assemble,
L'onde bleüe en fremist, tout le riuage en tremble.
 Loin s'eleue vn coustau, qui peu à peu descend
En vn large valon qui iusqu'aux murs s'estend :
Là l'Argolide armee à son aise se campe.
L'vn de piés & de mains à toute force rampe
Au feste des rochers, & balancé des pieds
Descouure de la mer les grands flots repliez :
L'autre grimpe en vn pin, en vn fouteau se cache,
Ou aux bras d'vn laurier auec les mains s'attache,
Si que lon voit branler, sous le moleste pois
De ce peuple pendant, la perruque des bois :
Cestuy-cy veut grauir au haut d'vn precipice,
Cestuy-là sur le toict d'vn fumeux edifice,
Ou sur vn pan de mur à demi consommé,
Reliques d'Ilion par les Grecs enflammé :
Mesmes aucuns (forfait!) se vont planter sans crainte,
Sur la tombe d'Hector, inuiolable & sainte,
Quand nous voyons marcher Vlysse l'inhumain
Auec Astyanax, qu'il menoit par la main :
Puis montez, en tournant, par vne vis fatale
En l'estage dernier de ceste tour royale,
L'enfant Hectorean, d'vn visage rassis,
Regarde constamment les peuples espaissis
Ondoyans par la plaine, ainsi qu'vne tourmente
De longs épics flottans, quand Zephyr les éuente.
         I.iij.

LA TROADE,

De tous costez il tourne & retourne ses yeux,
Elançant la fureur : ainsi que furieux
Se monstre vn Lyonceau, bien que foiblet & tendre,
Et que sa ieune dent ne puisse encore offendre,
Il tasche toutefois de mordre en son courroux,
Desia sa hure il branle, & fremist à tous coups,
Il s'enfle, il se boursoufle, en ses yeux il amasse
Et en son cœur felon la rage & la menace.
Ainsi ce ieune enfant coleré de se voir
Entre ses ennemis, subiet à leur pouuoir,
Monstroit dessur le front le despit de son ame :
De ses deux yeux sortoit vne iumelle flame
D'outrageuse rancueur, & la ferocité
De son pere luisoit en son front irrité.

Ce braue naturel superbe & magnanime
Esmouuoit vn chacun, tous l'auoyent en estime.
Les peuples & les chefs à plorer sont contrains,
Et chacun essuyoit ses larmes de ses mains :
Mesme le dur Vlysse, attendry de courage,
De pitoyables pleurs s'est baigné le visage.

Mais tandis que le Prestre à par soy murmurant
Maints & maints mots sacrez, va les Dieux adiurant,
Les bustuaires Dieux, qu'il inuoque Neptune,
Eole & les Tritons de la mer importune,
En les propiciant pour leur ondeux retour,
L'enfant, sans luy toucher, s'elance de la tour
Sur le dos des rochers. *And.* Quel Gete, quel Tartare,
Et quel Colche a commis vn acte si barbare ?
Quel peuple sans pitié, sans police, sans loix,
Viuant dans les deserts, priué d'humaine voix,
Et d'humaine raison, sur les monts d'Hircanie,
A commis, a conceu si grande felonnie ?

TRAGEDIE. 32

Hec. De Busire n'estoyent les sacrifices tels,
Car le sang des enfans ne teindoit ses autels.
L'horrible Diomede & aux Dieux execrable,
De membres enfantins n'emplissoit son estable,
Et ne les entassoit dedans ses rateliers,
Pour en faire engraisser ses cheuaux carnassiers.
Andr. O miserable enfant! & qui las! aura cure
D'enseuelir ton corps, le mettre en sepulture?
Mes. Son corps est tout froissé, tout moulu, ecaché,
Rompu, brisé, gachy, demembré, dehaché,
Sa teste par morceaux, la ceruelle sortie,
Et bref de tout son corps vous ne verrez partie
Qui n'ait les os broyez plus menu que le grain
Qu'on farine au moulin pour en faire du pain:
Si qu'il ne semble plus qu'vne difforme masse,
Confuse de tout poinct, sans trait d'humaine face,
Ny d'humaine figure, & puis le sang, qui l'oint,
Fait qu'en leuant vn membre on ne le cognoist point.
And. Son sort est plus cruel que celuy de son pere.
O Dieux, que vostre main est contre nous seuere!
Meurtrir ce pauure enfant? le faire torturer
Au parauant qu'il sceust que c'estoit d'endurer?
Me l'auiez-vous donné, me l'auiez-vous fait naistre
Pour de sa dure mort les yeux Gregeois repaistre?
Las! ne m'estoit-ce assez, assez d'affliction,
Que mes freres germains, que mon pere Etion,
Que mon espoux aimé, que ma natale ville,
Thebes aux hautes tours, fussent destruits d'Achille,
Si ie n'auois expres vn enfant, par malheur,
Pour de sa mort cruelle enfieller ma douleur?
Enfant, où que tu sois souuiens-toy de ta mere,
Ne me laisses seruir en maison estrangere,

LA TROADE,
Supplie, si tu peux, à la palle Atropos
Que bien tost auec toy ie deualle en repos,
Effaçant mes ennuis dedans l'onde oublieuse,
Les ennuis que me fait ceste vie odieuse.
Si faut-il, mon enfant, que i'aye le souci
De te faire vn sepulchre en quelque part ici,
Ie ne permettray pas que tu sois la pasture
Des bestes, des oyseaux de gloutonne nature.
Ie vay prier les Grecs. Mes. *Les Grecs l'ont estendu*
Dans le bouclier d'Hector, pour vous estre rendu.
Andr. *O bouclier l'ornement d'vne dextre guerriere!*
Vous serueʒ maintenant à mon enfant de biere!
On vous a veu iadis, ô renommé boucler,
Plus redouté des Grecs que d'vn foudre l'esclair.
Et lors ie pensois folle (ô trompeuse pensee!)
Voir vn iour, quand d'Hector la vieillesse auancee
Par les trauaux guerriers, luy courberoit le dos,
Que son fils heritier de son antique los,
Se pareroit de vous, vous porteroit en guerre,
Las! & tout au rebours, vous le porteʒ en terre.

CHOEVR.

" Nos gemissemens sont plus doux
" Quand chacun gemist comme nous,
"   Nostre douleur est moins poignante,
"   Et mord nos cœurs plus lentement,
"   Quand nostre publique tourment
"   Tout vne commune lamente.
" Ah! tousiours tousiours vn grand dueil
"   Se plaist de trouuer son pareil,
"   Vn compagnon tousiours desire:
"   Et rien ne nous soulage tant,

Que

TRAGEDIE.

« Que de voir vn autre, portant
« Le mesme dueil qui nous martyre.
« De souffrir on ne fait refus
« Vn mal en tout chacun infus :
« Et plus volontiers on supporte
« L'aigreur de tout contraire sort,
« Quand on voit que sa pince mord
« Tout le monde de mesme sorte.
« Las ! personne ne s'apperçoit
« Miserable, encor qu'il le soit.
« Ostez les personnes heureuses,
« Ostez les riches, vous verrez
« Les pauures, qui sont atterrez,
« Leuer les testes orgueilleuses.
« Nul n'est reputé malheureux,
« Qu'accomparé d'vn bien-heureux.
« O qu'vne personne dolente
« Sent grande consolation,
« Que nul en son affliction
« L'aborde la face riante.
« Celuy plus aigrement se pleint
« De la Fortune, qui l'estreint,
« Et plus impatient soupire,
« Qui de la tourmente agité,
« Nud contre vn rocher est ietté,
« Voguant auec vn seul nauire.
« Mais en vn semblable malheur,
« Semblable n'est pas sa douleur,
« Voyant encombrer le riuage
« De mille vaisseaux renuersez,
« Qui, par les vagues dispersez,
« Ont fait auecques luy naufrage.

K.i.

Phrixe trauersant, sur le dos
De son belier, les traistres flots,
Auec sa sœur, la pauure Helle,
Epoind de grand' tristesse fut,
Quand sous les ondes elle cheut,
Par ce qu'il n'y cheut autre qu'elle.
Mais quand Pyrrhe auec son mari,
Restant seul du monde peri,
Veirent noyer la race humaine,
Vn seul ils ne pleurerent pas,
Pource que de pareils trespas
La vagueuse terre estoit pleine.
Nostre dueil deuroit estre tel,
Puis qu'il nous est vniuersel:
Mais la flotte victorieuse
Rend par ses allaigres chansons,
Plus que nos propres marrissons,
Nostre fortune malheureuse.

Talthybie. Hecube.

Talt. O Grand Dieu Iupiter! les affaires mondains
Gouuernes-tu, cŏduits par tes puissătes mains,
Ou s'ils vont compassez d'vn ordre de nature,
Ou si l'instable sort les pousse à l'auanture?
D'où vient que ceste Royne, accablee en malheurs,
Est confitte en regrets, en sanglots & en pleurs?
Qui naguere aux Troyens commandoit sourcilleuse,
Qui d'enfans Rois auoit vne suitte nombreuse,
Femme du grand Priam, dont le renom fameux
Par l'Asie a couru iusqu'aux Indes gemmeux:
Elle n'a maintenant ny royaume ny ville,
Ses enfans sont meurtris, & le preux fils d'Achille

TRAGEDIE. 34

A tué son espoux : elle n'a pour tout bien
Que le seul desplaisir de ne se voir plus rien.
Encore est elle esclaue, ô chose pitoyable!
Ie la voy là couchee à terre sur le sable.
Hecube leuez-vous, redressez vostre chef,
Tournez vers moy les yeux. Hec. Et quel nouueau mechef
T'ameine icy vers moy? Calchas ce braue augure
Me veut-il égorger sur quelque sepulture?
Allons, me voicy preste. Talt. Agamemnon le Roy
Et l'exercite Grec qui marche sous sa loy,
Vous mande qu'enuoyez au port vostre famille,
Pour faire enseuelir le corps de vostre fille.
Hec. Que ceste charge est dure! hé, bons Dieux, i'esperois
Que tous mes maux ie deusse esteindre à ceste fois:
Que ma mort fust conclue, ô esperance vaine!
Au lieu d'elle, i'entens la mort de Polyxene.
O deplorable mort! mais, las! Herault, dy moy,
A-telle fait, mourant, chose indigne de soy?
Discours moy de sa fin. Tal. Vous me ferez encore
Attrister de sa mort, si ie la rememore.
Ie ne lairray pourtant, puis qu'ainsi le voulez,
A fin que de douleurs vostre esprit vous soulez.
Hec. Le sepulchre d'Achille est basti sur la riue,
Où l'onde Rheteanne en escumant arriue.
Derriere est vn valon qui hausse doucement,
Et qui fait en theatre vn grand contournement,
Là s'est rendu le peuple, & ceste pente ronde
Iusqu'au pied du tombeau s'est couuerte de monde:
Les vns alloyent disant que ceste mort ostoit
L'ancre du long seiour, qui leurs naus arrestoit,
Qu'il falloit des haineurs perdre toute la race:
Mais la plus grande part du Gregeois populace

K.ij.

Detestoit ce forfait,quand on voit les flambeaux
Porter ainsi ardans comme aux soirs nuptiaux.
Quelques ieunes enfans,choisis entre les bandes,
Marchoyent le front orné d'odoreuses guirlandes,
Pyrrhe suiuoit apres,de la main conduisant
La vierge,coste à coste,au sepulchre nuisant.
Vne soudaine horreur descend dans les moüelles
Des peuples,effroyez de nopces si cruelles:
La face nous pallist,le cœur nous va battant,
Et la froide sueur à nos fronts va montant.
Vn silence muët soudain couure la plaine,
Nous demeurons surpris d'vne frayeur soudaine.
  Elle d'honneste honte ayant les yeux baissez,
Trauerse auecques luy les esquadrons pressez.
Ceste douce beauté,dont Cyprine la doüe,
Luist plus que de coustume en sa vermeille ioüe,
Apparoist plus diuine,& nous semble son teint
Se lustrer d'autant plus qu'il est pres d'estre esteint.
Comme on voit sur le soir plus douce la lumiere
Du Soleil quand il tombe en l'onde mariniere,
Que les astres nuiteux vont le ciel entr'ouurant,
Et que le iour pressé se va demi-couurant.
Chacun sent de la voir attendrir le courage,
Les vns sa beauté meut,les autres son bas âge,
Aucuns vont discourant l'inconstance du sort,
Mais tous prisent son cœur si magnanime & fort.
Elle deuance Pyrrhe,& d'vne franche allure
Monte au plus haut sommet de ceste sepulture:
Alors le Pelean du tombeau s'approchant,
Et de sa main l'autel reueremment touchant,
Les deux genoux pliez,va dire en ceste sorte.
  Reçoy,mon Geniteur,dessus ta cendre morte,

TRAGEDIE.

La sainte effusion que nous t'auons voulu
Faire d'vn sang virgeal, non souillé, ny polu:
Reçoy-le de nos mains, & que si chere offrande
Te soit propiciable & satisfait te rende.
Appaise ton courroux, preux Achille, & permets
Que desancrer du port nous puissions desormais,
Et libres & vainqueurs par ta forte prouësse,
Sans encombre reuoir les villes de la Grece.
  Il eut dit: & chacun sa priere approuua,
Vn murmure de voix à l'entour se leua:
Comme aux grandes Citez, où le peuple commande
Par cantons assemblé pour quelque chose grande,
Apres que le Tribun a cessé de parler,
Vn tumulte confus, vn bruit s'eleue en l'air
Des tourbes approuuant, ou reprouuant la chose,
Que pour le bien public ce magistrat propose.
  Pyrrhe ayant acheué se leue tout debout,
Met la main au poignard & le dégaine tout,
Fait signe aux ieunes gens qui estoyent aupres d'elle,
Qu'ils luy serrent les mains. Mais adonc la pucelle
En ces mots s'écria: Gregeois laissez mon corps:
Ie mourray franchement, sans faire aucuns efforts,
Pourueu que ie sois libre, à fin qu'entre les Manes
Serue ie ne sois veüe aux riues Stygianes,
Qui suis fille de Roy: laschez-moy, ie vous pry.
  Lors se fist par le peuple vn effroyable cry,
Voulant qu'on la laissast, & Agamemnon mesme,
Les larmes sur les yeux, le commanda luy-mesme.
Elle fendit sa robe auec sa blanche main,
Et iusques au nombril se decouurit le sein:
Sa poitrine fut veüe auec ses mammelettes,
S'enflant egalement comme rondes pommettes:

K.iij.

Puis les genoux en terre, à Pyrrhe dist ainsi:
Si tu veux trauerser ceste poitrine ici,
O Pyrrhe, ou si plustost ce gosier tu demandes,
L'vn & l'autre sont prests, fay de moy tes offrandes.
 A ces mots il s'approche & son glaiue poignant
Dans le sang de la vierge en regret va baignant,
Il sort comme vn torrent qui iaillist par la bonde:
Et elle, que laissoit son ame vagabonde,
Tombant contre la face, encore eut pensement,
La mort dedans le cœur, de cheoir honnestement,
Et de ne découurir à la tourbe nombreuse
De son corps estendu chose qui fust honteuse.
Tout le monde gemist, personne ne s'est veu
Qui se garder de plaindre & larmoyer ait peu:
Chacun retourne triste, abominant l'oracle
Du prophete Calchas & son sanglant spectacle.
Or le sang ne coula quand du corps il sortit,
Car le cruel tombeau tout soudain l'engloutit.
 Hec. Allez, Danois, ouurez les campagnes liquides,
Retournez seurement aux Citez Argolides,
Mettez la voile au vent, abandonnez le port,
Ma fille est immolee, Astyanax est mort.
La guerre est acheuee, où mes pleurs tourneray-ie?
Où, ce qui m'est restant de vieillesse, employray-ie?
Qui doy-ie lamenter? sera-ce mon espoux,
Ma fille, mon païs, Astyanax, ou vous,
Ou moy, ou tous ensemble? ô Parque, ie t'appelle,
Qui aux vierges es tant & aux enfans cruelle,
Vien à moy massacroüere, & pourquoy me crains-tu?
Que n'as-tu ja mon corps dans la tombe abatu?
Tu me redoutes seule, & seule entre les armes,
Les meurtres, les brandons, les horreurs des gendarmes,

TRAGEDIE. 36

Les cheutes de maisons tu me vas espargnant,
Et foulant tant de corps, le mien tu vas craignant.
   Or vous Grecs frauduleux, qui d'armes deloyales,
Auez renuersé Troye aux ondes Stygiales,
Qu'apres dix froids hyuers n'auez prise sinon
Par vn feint partement, & par vn faux Sinon:
Qui par vos cruautez auez pollu la terre,
L'onde humide & le ciel, d'où Iupiter desserre
Ses foudres rougissans sur les deloyautez
Des traistres, comme vous, confits en cruautez:
Puisse pour nous venger de vos lasches pariures,
Neptun vous trauailler d'horribles auantures,
Par ses ondes roguant: que les vns d'entre vous,
Battus des flots de l'onde & du venteux courrous
Des Aquilons troublez, trebuchent pesle-mesle,
Enuironnez d'esclairs, de foudres & de gresle:
Qu'ils puissent auec crainte & tourment abysmer,
Deuorez des troupeaux de la monstreuse mer:
Que les rocs Capharez aux pointes fluctueuses,
Que Scylle & que Charybde, & les Syrtes sableuses
Retiennent vos vaisseaux, que les flots poissonneux
Vous poussent sur les bords des Cyclops cauerneux.
Que la femme l'espoux, le fils la mere tue,
Que l'vn se plonge au cœur vne lame pointue,
Et l'autre par les eaux vagabonde exilé
Cherchant nouueau seiour sous vn ciel reculé:
Qu'il vienne quelque Roy, qui les peuples d'Asie
Face marcher vn iour dans la Grece saisie,
Fourmillans plus épais, pour reuenger nos torts,
Que ne sont les épics aux Gargariques bords,
Les fueilles aux forests, l'arene qui poudroye
Sur le bord Libyen où le Soleil blondoye.

Que vos Citez de feux il destruise & de sang,
Et nos calamitez sentiez en vostre rang:
Bref, que si tost qu'aurez eloigné ceste rade,
Vous souffriez comme nous de maux vne Iliade.
Ch. Hecube, retenez quelques funebres pleurs
Pour vostre fils meurtry, comble de vos malheurs.
Hec. O Phlegethon, Erebe, Acheron, tristes fleuues!
O laruales maisons, de toute ioye veufues!
O monstres des Enfers! ó Megere, Alecton,
Dires, rages, horreurs, ministres de Pluton!
A ceste heure à ceste heure ouurez vostre cauerne,
Et m'engoufrez viuante au plus creus de l'Auerne.
O Soleil, qui reluis par ce vuide écarté,
Retire de mes yeux ta riante clarté,
Ta clarté vagabonde, & d'vne épaisse nüe
Vien aueugler de moy & d'vn chacun la veüe:
Peux-tu voir, peux-tu luire, & peux-tu visiter
Ce monde si rebelle aux loix de Iupiter?
Ce mechant, ce cruel, ce deloyal barbare,
Ce traistre Thracien, pour vne faim auare
De l'or iniurieux, a violé le droit
De l'hostelage saint, que reuerer on doit:
Il a meurtry mon fils qu'il auoit en sa garde,
Pour rauir ses thresors, tant sa main est pillarde.
Helas! mais dites-moy, où l'auez-vous trouué?
Ch. Au port, sur le grauois, de vagues abreué.
Hec. O destin miserable! vn seul moment ne passe
Qui sur mon pauure chef mal dessur mal n'entasse!
Qui ne donne à mon ame vn nouuel argument
De larmes, de soupirs, & de gemissement!
Hé, mon fils! hé, mon fils! qui t'a fait cet outrage?
Qui t'a fait aborder à ce dolent riuage?

Quel

TRAGEDIE.

Quel Démon t'a conduit des Thraces animeux,
Sous mes yeux maternels par les flots écumeux?
Ch. Quand le funeste bruit paruint à nous captiues,
Que Polyxene auoit teint nos Troyennes riues
Du pourpre de son sang, & que son corps gisoit
Au pié du fier sepulchre où Achil reposoit:
Nous dechirant la face & plombant la poitrine,
Forcenant du malheur qui contre nous s'obstine,
Et vomissant tel cry, pour si triste mechef,
Que si deuant nos yeux Troye, ardoit de rechef,
Allasmes d'vne bande, ainsi que furieuses,
Sans craindre des Gregeois les armes colereuses,
A trauers leurs squadrons, iusqu'au sepulchre creux,
Où Polyxene estoit, victime de ce preux.
Là toutes execrant la soif insatiable,
Qu'il a de nostre sang en sa tombe execrable,
Enleuons la pucelle & la portons hûlant,
Sur la grêue du port où le flot va roulant:
Nous la deuestons nue, & de l'onde marine
Luy nettoyons sa playe & sa face yuoirine.
Mais comme la pauurette en grand soin nous lauons,
Sous les plis d'vn rocher pres nous apperceuons
Le corps de cet enfant, qui sur la riue ondoye,
Et soudain soupçonnant qu'il fust de nostre Troye,
Nous approchons de luy, luy remarquons les traits,
Et l'ayant recogneu redoublons nos regrets,
Plorant sur Polydore & detestant les astres,
Qui respandent sur nous tant de piteux desastres.
Nous l'auons apporté pour vos pleurs receuoir,
Et auecques sa sœur mesme sepulchre auoir.
Hec. Hé hé, mon Polydore, en qui i'auois dolente
Mis mon dernier espoir & ma derniere attente.

L.i.

LA TROADE,
Las que ie suis deceüe! hé mechant execré
Comme tu l'as de coups durement massacré!
Comme à le dehacher tu as soulé ta rage,
Aux meurtres acharné plus qu'vn Tigre sauuage,
Nourriçon d'Hyrcanie,infame,sans pitié,
De tes hostes bourreau, sous ombre d'amitié.
Hà ne fera le Ciel qu'vn si grand malefice
Sente de Iupiter l'equitable iustice?
L'hostelier Iupiter, qu'offendre il a osé,
Tant le desir de l'or a son cœur embrasé.
Que son bruyant courroux tombe dessur sa teste,
Que l'éclat de son foudre auiourdhuy le tempeste,
Ou que sous ma puissance à souhait le tenant,
Ie m'aille sur sa vie outrageuse acharnant,
Ie luy saque du corps les entrailles puantes,
Ie luy tire les yeux de mes mains violentes,
I'égorge ses enfans, & de leur mourant cœur
Ie luy batte la face appaisant ma rancueur.
Ch. Le Tyran est ici: car sçachant la nouuelle
De nostre sac Troyen, est venu l'infidelle
Aux obseques de Troye à fin de butiner,
Et d'offrir son secours pour nous exterminer:
Nous pourrons feintement l'attirer en nos tentes
Sous espoir de proffit: nous vous serons aidantes.
Hec. Allons filles, entrons, les grands Dieux irritez
Se vangeront par nous de ses impietez.

CHOEVR.

« L'ALME foy n'habite pas
«   Ici bas:
«   La fraude victorieuse,
«   L'ayant bannie à son tour,

"   Fait seiour
"   Sur la terre vicieuse.
" Elle est remontee aux cieux
"   Radieux,
"   Auecques la belle Astree,
"   Ce faux siecle detestant,
"   Qui l'a tant
"   Inhumainemens outree.
" Iamais la deloyauté
"   N'a esté
"   Si grande en nous, qu'elle est ore:
"   Nous sommes plus deloyaux
"   Que les eaux
"   Qui lechent la riue More.
" Les Ours courans vagabonds
"   Par les monts,
"   Et par les forests obscures,
"   Ont plus de ferme amitié
"   La moitié
"   Que n'ont les hommes pariures.
" Le pere va son enfant
"   Estoufant,
"   L'enfant estoufe le pere:
"   L'espouse esteint à tous coups
"   Son espoux,
"   Et luy son espouse chere.
" Le frere asseuré n'est pas
"   Du trespas
"   En l'amitié fraternelle:
"   L'hoste va l'hoste souuent
"   Deceuant
"   En sa maison infidelle.

L.ij.

« La foy se reclame en vain
«   Où le gain
«   Pousse nos ames tortues.
«   Le peuple les Princes suit,
«   Mais refuit
«   Leurs couronnes abatues.
Quiconque Prince tu sois,
        Dont les loix
    A mille peuples commandent,
    Entouré de toutes pars
        De soudars
    Qui valeureux te defendent:
Qui vois chacun se mouuoir
        Pour te voir,
    D'vne ioyeuse allaigresse,
    Et de grand aise raui
        A l'enui
    Te faire importune presse:
Pense qu'en tant de suiets
        Arrengez
    Par troupes dedans la rue,
    Et de ceux qui font seiour
        En ta cour,
    Nul de bon cœur te salüe.
Ou bien s'ils ne sont moqueurs
        En leurs cœurs,
    Et ne fardent leur visage,
    Croy, qu'à la premiere peur
        Du malheur
    Ils changeront de courage.
«   La foy n'arreste iamais
«   Aux Palais

TRAGEDIE. 39

" Que la Fortune abandonne:
" Chacun retire sa foy
" De ce Roy,
" Que le malheur enuironne.
Quand Troye estoit en grandeur
  Pleine d'heur,
 Les Rois luy faisoyent hommage,
Qui, de ses murs desolez
  Reculez,
 Luy font maintenant outrage.
Ce Polymestor mechant,
  Arrachant
 De son cœur l'amitié sainte,
 A sa deloyale main,
  L'inhumain,
Au sang de son hoste teinte.

ACTE V.

Polymestor.   Hecube.
Le Chœur. Agamemnon.

Polymestor.

O Priam, que i'aimois plus que tous Rois du monde,
Las! que i'ay deploré ta misere profonde,
Que i'en porte de dueil, & que i'en porte aussi
De vous reuoir Hecube en cet esclandre ici:
Vostre orgueilleuse ville en ce poinct embrasee,
Et les piés contremont des fondemens rasee.
Vos enfans & vos biens saccagez auiourdhuy,
Et vostre propre vie en puissance d'autruy.
" Las! rien n'est asseuré : toutes choses humaines
" Subiettes à perir, sont tousiours incertaines!

          L.iij.

« Et nul ne se peut voir tant de felicitez
« Qu'il ne puisse tomber en plus d'aduersitez.
« Mais que sert ce propos ? nos destresses passees
« Et nos pertes ne sont par larmes effacees,
« Nos plaintes n'y font rien : les royaumes perdus
« Ne sont pour lamenter par Iupiter rendus.
Hec. I'ay honte de vous voir en ces malheurs reduite,
Que la Fortune heureuse auoit tousiours conduite:
I'en ay honte, & mes yeux ie n'ose hasarder
De les leuer sur vous, & de vous regarder:
Ce n'est, Polymestor, de volonté mauuaise.
Pol. Ne vous contraignez point, faites-en à vostre aise.
I'excuse vostre ennuy. Mais pour quelle raison
M'auez-vous enuoyé cercher en ma maison?
Hec. C'est pour vn cas secret, qu'en secret ie desire
Auecques vos enfans en ces tentes vous dire.
Faites donc loin d'ici vos gardes retirer.
Pol. Ie me puis bien icy sans gardes asseurer,
Retirez-vous, soldats. Hec. Dites moy, ie vous prie,
Mon enfant Polydore est-il encore en vie?
Est-il en seureté? Pol. De cela n'ayez soin.
Hec. O le parfait ami, qui ne fault au besoin!
N'a-til point de sa mere encores souuenance?
Pol. Il vous fust venu voir n'eust esté ma defense.
Hec. N'auez-vous pas gardé ce qu'il vous porta d'or?
Pol. Ie le garde en ma chambre, & tout y est encor.
Hec. Faites-le, ie vous pry : le pauure ieune Prince
N'a besoin qu'en son bien aucun mette la pince.
Pol. Mieux encor que le mien ie le garde & defens.
Hec. Sçauez-vous que ie veux à vous & vos enfans?
Pol. Quelles choses sçait-on sans les auoir ouyes?
Hec. Nos richesses ie laisse en la terre enfoüyes.

TRAGEDIE. 40

Pol. C'est volontiers à fin de les pouuoir sauuer.
Hec. Voire pour mon enfant, s'il les peut conseruer.
Pol. Quel besoin que mes fils en ayent cognoissance?
Hec. Pour apres vostre mort en auoir souuenance.
Po. C'est prudemment parlé. He. Sçauez-vous bien, helas!
Où nagueres estoit le temple de Pallas?
Là le thresor repose. Pol. Il faut l'endroit cognoistre.
Hec. Vous verrez au dessus vn noir marbre apparoistre.
Pol. Voulez-vous autre cas? Hec. Vous garderez aussi
L'or qu'auec moy ie porte. Pol. Où l'auez-vous? Hec. Ici.
Po. Dessous vos vestemẽs? He. Non, mais dedãs nos tentes.
Pol. Qui maintenant y est? Hec. Des femmes gemissantes.
Entrez, tout y est seur : depeschez, car les Grecs
Desirent faire voile, & seront bien tost prests.
Ch. Va bourreau, va barbare affamé de richesses,
Va querir le loyer de tes fraudes traistresses,
Tu seras tu seras maintenant chastié,
D'auoir cet innocent égorgé sans pitié,
Qui estoit en ta garde, & n'auoit esperance
Qu'en toy, lasche meurtrier, qu'en ta seule fiance.
Mais ainsi qu'vn qui chet en quelque gouffre noir,
Où plusieurs il auoit auparauant fait cheoir,
Au gouffre tu cherras de fraude & de malice,
Où Polydore est cheut par ta sale auarice.
" Car iamais en ce monde vn fait pernicieux
" D'vn mechant, ne demeure impuni par les dieux:
" Et s'ils se monstrent lents à venger son offense,
" Comme ils font quelquefois, ce n'est par conniuence,
" Car tost ou tard, son chef sent leur bras punisseur,
" Ou s'il ne le sent point, sera son successeur.
Contraire à ton dessain, tu vas prendre vne voye,
Où trouueras la mort, au lieu de l'or de Troye.

LA TROADE,
Car volontiers Pluton des richesses le Roy
Pour t'assouuir de biens, te conduira chez soy:
Là toy & tes enfans Acherontides ames,
Gemirez d'estre occis par des armes de femmes.
Iò ie les entens. Poly. Au secours, ô bons Dieux!
Aux armes, ie suis mort, on me creue les yeux.
Ch. C'est le cry du meurtrier, Hecube s'euertue.
Pol. Au secours, venez tost, mes deux enfans on tue.
Ch. La vengeance est entiere. Or ie le voy qui sort.
Pol. O l'execrable sexe! elles ont mis à mort
Mes enfans innocens, les cruelles furies,
Les pestes, Alectons, brulantes de tueries.
Iupiter foudroyeur, qui dardes de ta main
Sur Rhodope le mont tant de foudres en vain
Ne les puniras-tu? pourquoy si long temps cesse
Oysiue & sans effet ton ire vengeresse?
Et toy Mars fremissant, qui sur Heme negeux
Excites aux combats les Thraces courageux,
Ne me veux-tu venger, qui suis nay de ta race?
Qui dessous toy commande à ta guerriere Thrace?
I'ay perdu du Soleil la ioyeuse clarté,
Le rayon lumineux de Phebus m'est osté.
Le sang court de mes yeux au lieu des pleurs premieres,
Et la nuit eternelle est iointe à mes paupieres:
Mes pas vont incertains, & de peur de broncher
I'auance l'vn des piés deuant que démarcher.
Des iours de mes enfans la trame est accourcie,
Ils errent maintenant sous la terre obscurcie,
Les pauurets, & leur pere à leur mort suruiuant,
Ne les sçauroit venger du moindre homme viuant.
Ch. O pauure infortuné, que tu souffres d'angoisses!
Hec. Ce sont là de nos faicts, ce sont de nos proüesses,

Ce

TRAGEDIE. 41

Ce sont marques de nous & de nostre vertu:
Nous auons de tels jeux Polydore ébatu.
Ch. Quelque Dieu courroucé de tes horribles crimes
T'a fait precipiter en douloureux abysmes.
" Si tu as fait du mal à quelqu'vn, tu ne dois
" Te plaindre si de luy d'autre mal tu reçois.
Po. Où iray-ie, ô vrais Dieux? helas ie ne voy goute!
Où tournera mon œil qui de sang noir degoute?
I'allonge piés & mains pour le chemin sonder,
Mais encor ie ne m'ose au chemin hasarder.
O beau Phebus, guairi ma paupiere aueuglee!
Où iray-ie qu'à toy? à l'ardeur dereiglee
Du flambant Sirien ? iray-ie où Orion
Bluette de ses yeux vn chaleureux rayon?
Ou sur l'onde de Styx, de clarté despourueuë,
Où les Ombres des morts n'ont que faire de veuë?
Ag. Ie viens à la clameur & au bruit turbulent
De ce peuple de serfs iusqu'à la mer volant,
Que la iasarde Echon, hostesse vigilante
D'vn cauerneux rocher, en nos vaisseaux rechante:
Que si les murs Troyens, par l'effort de nos bras,
N'estoyent piés contre-mont bouleuersez en bas,
Ce tumulte estranger eust en toute l'armee
Vne peur effroyable en allarme allumee.
Pol. O grand Agamemnon, ie vous suppli voyez
En quel malheur ic suis, & mes plaintes oyez!
Ag. Pauure Polymestor qui t'a fait cet outrage?
Qui t'a creué les yeux, ensaigné le visage?
Qui ces petits enfans a massacre de coups?
Quiconque en soit l'autheur auoit bien du courroux,
Auoit bien du rancueur en son ame inhumaine,
Et a ta race & toy portoit horrible haine.

M.i.

LA TROADE,

Pol. Hecube ceste vieille, & le troupeau captif
Des filles d'Ilion, m'ont fait ainsi chetif.
Ag. Quoy, Hecube, est-il vray? auez-vous eu l'audace
De l'offendre, & tuer son innocente race?
Pol. Elle est donques ici la bourrelle? pour Dieu
Enseignez-moy l'endroit, enseignez-moy le lieu,
Qu'empoigner ie la puisse, & que vengeant l'iniure
De mes fils & de moy, son corps ie defigure,
Ie la demembre viue, & face trespasser
Entre mes bras vengeurs deuant que la laisser.
Ag. Laissez-la, ne bougez. Pol. Permettez que ie mange
Son cœur, & qu'à souhait sur elle ie me venge:
Que d'ongles & de dents ie dechire son sein,
Et ses boyaux infets i'arrache de ma main.
Ag. Commandez-vous vn peu, & de vostre courage
Ostez, Polymestor, ceste brutale rage
Qui vous transporte ainsi: puis sans vous esmouuoir,
Faites-moy doucement vostre encombre sçauoir.
Pol. Vn fils auoit Priam, qu'on nommoit Polydore,
Le plus ieune de tous, qui ne vestoit encore
Le harnois esclatant, & entre les soudars
N'alloit, eschauffé d'ire, aux orages de Mars.
Son Pere, preuoyant la pendente ruine
De son sceptre ancien, sous la force voisine
Des Gregeois obstinez, qui venoyent tous les iours
Lancer leurs feux poissez iusqu'aux sommets des tours,
Me l'enuoya, peureux, en ma cour Thracienne,
Pour le garder, sauué de la main Argienne.

Or ie l'ay fait occire aussi tost que i'ay sceu
Que Priam gisoit mort, que Troye estoit en feu.
Et n'ay-ie pas bien fait d'esteindre dans mes terres
Pour nostre commun bien la semence des guerres?

J'ay prudent redouté que cet enfant vn iour
Repeuplaſt de bannis le Troique ſeiour,
Et reſſerrant les os des antiques Pergames,
Les vengeaſt,rebaſtis,des Pelaſgides flames,
Et r'animaſt encor les hommes & les dieux
Pour poudroyer l'orgueil de ces murs odieux:
Et que la flotte Grecque à nos ports abordee,
Exerçaſt de rechef ſa rage debordee,
Rauageant mes ſuiets,les pillant,rançonnant,
Comme ils ſont rauagez & pillez maintenant.
Ainſi qu'on voit ſouuent qu'vne flamme voiſine
Sur les prochains logis de toicts en toicts chemine.
　Hecube ce pendant ayant ſceu le treſpas
De ſon fils,m'a deceu de blandiſſans appas,
M'a vers elle attiré d'vne faulſe eſperance
De me faire emporter d'Ilion la cheuance:
Elle m'a conduit ſeul,& mes enfans foiblez,
Pour nous deuoir monſtrer ſes threſors aſſemblez.
Nous entrons en ſa tente,où de voix deceptiues
Nous viennent receuoir les Troades captiues,
Abordent par troupeaux,me vont enuironnant,
De doucereux propos, feintes, m'entretenant.
Aucunes mignardant de pareilles feintiſes
Mes enfans,careſſez de mille mignottiſes,
Les chargent à leur col,les tirent à l'eſcart,
Ce pendant que ie ſuis abuſé de leur fard.
　Ie ne fus guere ainſi,que leur cri pitoyable
Aux oreilles ne vint du pere miſerable:
Ie me cuide leuer de ma chaire,mais las!
Ie me ſens auſſi toſt retenu par les bras,
Ie ne puis m'arracher,quoy que ie m'eſuertue,
Et que mon corps roidi deçà delà ie rue,

　　　　　　　　　　　　M.ij.

Me pensant depestrer des liens de leurs mains,
Mais sans rien auancer tous mes efforts sont vains.
Aucunes me tirant par ma longue criniere,
En me voulant leuer, m'abaissent en arriere,
M'estendent renuersé la face contre-mont,
Et lors à leur plaisir mille outrages me font:
Arment leurs fieres mains d'éguilles bien poignantes,
Et percent de mes yeux les prunelles brillantes,
De coups multipliez à l'enui m'outrageant,
Et de sang & de nuit mes paupieres chargeant.
Apres que de leur cœur la forcenante enuie
De bourreler mes yeux s'est du tout assouuie,
Elles m'ont relaissé (tout d'vn coup s'enfuyant)
Seul dans leur pauillon mes playes essuyant,
Où auecques les mains ie tasche à me conduire,
Priué du blond Soleil qui me souloit reluire.
Encor n'ay-ie tel dueil de mes yeux obscurcis,
Que ie sens de douleur de mes enfans occis,
Dont les corps massacrez, pour aigrir mes destresses,
M'ont esté presentez par ces fieres tigresses,
Mes pauures enfançons qu'à la mort i'ay conduit,
Comme mes yeux, pour fondre en eternelle nuit.
  Agamemnon, voila le discours de mes peines,
Que des Grecs m'ont ourdy les rancueurs & les haines,
Reuengez mon iniure, ains la vostre : pourquoy
Si ne faites iustice estes-vous esleu Roy?
Ag. Vous tuastes son fils pour auoir sa richesse,
Et ores de sa mort elle est la vengeresse.
Vous auez le premier vne iniure commis,
Que rester sans guerdon les grands dieux n'ont permis.
Il ne vous en faut plaindre, ains auec patience
La peine supporter de vostre propre offense.

TRAGEDIE.

Pol. O Dieux secourez-moy! mes outrages vengez,
Et au comble de maux ces Troades plongez!
Que ceste cruauté ne leur soit impunie
Qui voyez que d'ici la iustice est bannie!
Hec. Iupiter qui veit onq tant de maux espandus,
Et tant d'esclandres durs sur vn chef descendus?
Las ie n'ay plus d'enfans! la mort engloutist ore
Le dernier de mes vœux, le petit Polydore,
Qui bien loin du brasier & des glaiues Gregeois
Auoit esté transmis, pour regner quelquefois,
Aidé de nos thresors, instruments necessaires,
Necessaires souuent, mais à luy mortuaires.
" O que la faim de l'or les cœurs mortels époind!
" Qu'est il de tant sacré qu'il ne viole point?
" L'hoste égorge son hoste, & n'est amour si sainte
" Qui tous les iours ne soit par ce desir esteinte.
  Voy comme ce tyran, ce faux Polymestor
T'a, Polydore, occis, pour brigander ton or,
Apres qu'il sceut la fin de Priam & de Troye,
Et que ce qui restoit, des Grecs estoit la proye.
" Ainsi qu'on voit souuent, que les Dieux ennemis,
" Tollissant le bonheur, tollissent les amis:
" Et que l'alme amitié tant soit elle enuieillie,
" Auecques les honneurs & les biens est faillie.
Ie fus de Rois extraitte, & conioincte à vn Roy:
Beaucoup de braues Rois sont engendrez de moy,
Magnanimes enfans, à qui ne s'egalerent
Aucuns des Phrygiens, mais tous les surpasserent
En vertus & prouesse : & le Ciel n'a produit
Femme, qui tant que moy fust heureuse en beau fruit:
Mais, las! deuant leurs iours, mais las! deuant leur áge,
Ils ont vomi la vie en Martial orage.

                                        M.iij.

Mars les a deuorez, & sur leurs tombeaux creux
A chacun i'ay couppé mes blanchissans cheueux,
Egalement feconde en tristes funerailles,
Et en fils valeureux portez en mes entrailles.
 Mes filles que i'auois, en qui la chasteté
Egale conspiroit auecques la beauté,
Que i'auois, hé malheur ! si tendrement nourries,
Que ie mignardois tant, que i'auois si cheries,
Et que ie reseruois à mariages saints,
Pour les donner aux Rois de nos terres prochains,
Ont esté le butin de soudars sanguinaires,
Encores degoutans des meurtres de leurs freres.
 Et vous, Dieux, le voyez & vous n'en faites cas !
Et vous, Dieux, le voyez & ne les broyez pas !
Ce seul Polymestor de ses cruautez porte
Le merité loyer : ce qui me reconforte
Et m'allaitte d'espoir, que quelques vns encor
Pourront estre punis comme Polymestor.

F I N.

AD ROBERTVM GARNIERIVM
rerum capitalium Cænomanis Præfectum
PETRVS AMYVS *ibidem*
Cos. Mag.

QVALIS virentis valle sub humida
    Apis Matini, cùm Zephyri nouos
Soles recludunt, & malignis
Sydera frigoribus soluta
Almam tepenti rore beant humum:
    Egressa tectis, gramina plurimo
    Distincta flore, vrgétque odoros
    Suaue croco violáque saltus:
Hinc melle pinnas perlita roscido,
    Illinc recenti crura thymo grauis
    Decedit agris, elabora-
    tum artifici ore ferens liquorem.
Talis nouenis chare sororibus,
    Vatíque sacram qui Pataram colit,
    GARNERI, opimos per recessus
    Quotquot amœnæ habuere Musæ
Incedis: & quà rura Aganippides
    Actæa lymphæ flumine diuidunt,
    Et quà arduis occurrit astris
    Mons bifida celebratus arce:
Hîc æmulatim quæque tibi suas
    Pimplæis artes, muneráque explicat:
    Hinc te Attico reples lepore,
    Hinc Latiæ grauitate scenæ:

Vtroque solers dicere pectine,
  Vtrosque concinnè agglomerans modos
  Cæleste opus stipas superbæ
  Spem reliquam Astyanacta Troiæ.
Quid impotenti non facile est lyræ,
  Quidue insolens? En te duce, te tuo
  Dicente plectro ecce opacum
  Tempe nemus trepidant ciere:
Et quo canentes sedulo in otio
  Tenes Camænas, pumiceis tui
  Sartæ sub antris, hospitales
  Perpetuum meditantur vmbras.
Sic de niuosis Sithonij iugis
  Hæmi expeditas reddidit æsculos
  Errare quocunque indicasset
  Threiciæ fidicen Thaliæ.

www.ingramcontent.com/pod-product-compliance
Lightning Source LLC
LaVergne TN
LVHW050628090426
835512LV00007B/720